Ponke Callsen &
Gerold Schmidt-Callsen

UND **WER** FRAGT DIE KINDER?

Plädoyer für eine
ideologiefreie Erziehung und Bildung
im ersten Lebensjahrzehnt

www.novumverlag.com

Bibliografische Information
der Deutschen Nationalbibliothek:

Die Deutsche Nationalbibliothek
verzeichnet diese Publikation in
der Deutschen Nationalbibliografie.
Detaillierte bibliografische Daten
sind im Internet über
http://www.d-nb.de abrufbar.

Alle Rechte der Verbreitung,
auch durch Film, Funk und Fernsehen,
fotomechanische Wiedergabe,
Tonträger, elektronische Datenträger
und auszugsweisen Nachdruck,
sind vorbehalten

Gedruckt in der Europäischen Union
auf umweltfreundlichem, chlor- und
säurefrei gebleichtem Papier.

© 2022 novum Verlag

ISBN 978-3-99131-514-8
Lektorat: Mag. Eva Reisinger
Umschlagfotos: Kdshutterman,
Jelena Ivanovic | Dreamstime.com
Umschlaggestaltung, Layout & Satz:
novum Verlag

www.novumverlag.com

Vorbemerkung:

Dieses Buch ist aus der jahrelangen Beschäftigung der Mitglieder des **Vereins zur Förderung neuer Pädagogik** mit der Frage entstanden, was Kinder in der heutigen Zeit brauchen, um gesund aufzuwachsen. In vielen Diskussionen entwickelte sich nach und nach die Idee, die Ergebnisse dieser Gespräche in einem Buch zusammenzufassen. Erfahrungen aller Vereinsmitglieder als Lehrer, Schulleiter, Erzieher, Sozialpädagogen und Eltern fließen in den Text ein.

Dieses Buch ist der Pädagogin Ingrid Haßforther gewidmet, die sich lebenslang in besonderer Weise für die Interessen und Bedürfnisse der ihr anvertrauten Kinder engagiert hat.

INHALTSVERZEICHNIS

Vorbemerkung: 5

Vorwort 9

**Bildung und Erziehung
heute – am Kind vorbei?** 11

Die psychischen Grundbedürfnisse der Kinder ... 14

Bindung – *Basis für das ganze Leben* 17
Autonomie – *Gegenstück zur Bindung* 18
Anerkennung – *Motor für die kindliche Entwicklung* 18
Lustbefriedigung und Unlustvermeidung – *ein
elementares Bedürfnis* 20
Grundbedürfnisse in der Balance 20

**Bildung und Erziehung in der Kritik – Wege
zu einer bedürfnisorientierten Pädagogik** 23

Kinder wollen sich mit der Welt verbinden 23

Sicher gebunden – auf die Eltern kommt es an 23
*Verfrühte Fremdbetreuung – Risiken und
Nebenwirkungen* 25
Elternsein – eine wichtige und spannende Aufgabe 31
*Die erweiterte Familie – Ort der Geborgenheit
und Zugehörigkeit* 38
Erst Bindung, dann Bildung 39
„Das kleine Dorf" – Nachbarn, Freunde, Tiere 42
Die natürliche Umgebung – was Kinder lieben 44
*Bedeutsame Inhalte statt kompetenzorientierter
„Häppchenpädagogik"* 46

Der Lehrer als Moderator – eine fatale Entwicklung
für den Lernerfolg.................................. 49

Kinder wollen sich frei entwickeln 52

Autonomie und Bindung im Gleichgewicht 52
Die Welt selbst erleben 55
Schule heißt Muße – stoppt den Reformwahn 59
Erst real, dann virtuell – Risiken verfrühter Digitalisierung ... 62

**Kinder wollen anerkannt werden
und wichtig sein**.................................. 68

Bedingungslose Anerkennung – Basis für ein
gelingendes Leben.................................. 68
Individualisierung ja, aber richtig 69
Echte Aufgaben – der Königsweg zum Selbstbewusstsein 72
Inklusion ja, aber mit Augenmaß 74
Dazugehören ist wichtig, aber nicht ohne Risiko 78

**Kinder wollen mit Lust und
Freude leben und lernen** 81

Lust an der Bewegung – Freude am Lernen 81
Musik und Kunst – ein unterschätztes
pädagogisches Potential 84
Kein nachhaltiges Lernen ohne Faszination 88
Kinder lernen anders – Magie gehört dazu 90

**Bausteine für eine grundbedürfnisorientierte
Erziehung und Bildung**...................... 93

Literaturverzeichnis........................... 95

VORWORT

Dieses Buch wendet sich in erster Linie an Eltern, Erzieher und Grundschulpädagogen, aber auch an alle, für die Erziehung und Bildung von Kindern im Alter von null bis zehn Jahren von besonderem Interesse ist.

Für die kindlichen Belange waren Pädagogen in der Regel zu allen Zeiten die Anwälte. Von Rousseau über Pestalozzi bis zu den Reformpädagogen des 20. Jahrhunderts und teilweise auch bei aktuellen Ansätzen standen trotz aller Unterschiedlichkeit der Konzepte die Interessen und Bedürfnisse der Kinder im Mittelpunkt der Bemühungen von pädagogischer Theorie und Praxis. Diese Bemühungen wurden und werden allerdings immer wieder durch politische und wirtschaftliche Interessen beeinflusst und teilweise konterkariert. Je nachdem, wie stark die jeweilige Bildungspolitik in den pädagogischen Prozess des vorschulischen und schulischen Bereichs eingreift, kommen die genuinen Interessen der Kinder mehr oder weniger zur Geltung.

Seit Mitte der 90er-Jahre des 20. Jahrhunderts mehren sich in Deutschland die Eingriffe von politischer Seite in Erziehung und Bildung. In diesem Bereich tätige Pädagogen konnten diesen Prozess aus erster Hand miterleben. Seit der ersten PISA-Studie im Jahr 2000 hat sich diese Entwicklung immer weiter verschärft. Staatliche Reformansätze prägen inzwischen in immer schnellerer Abfolge und in zunehmend ideologischer Ausrichtung den pädagogischen Alltag.

Das vorliegende Buch möchte dazu beitragen, die Kinder und ihre Belange wieder mehr in den Mittelpunkt vorschulischer und schulischer Pädagogik zu stellen. Unser Text ist ein Plädoyer für eine *Pädagogik vom Kinde aus*. Damit wollen wir einen Beitrag zu einer Entwicklung in Richtung einer entideologisierten und von politischen und ökonomischen Interessen weitgehend befreiten Pädagogik leisten.

Den mehrheitlich propagierten Konsens von dem, was Kinder angeblich brauchen, konfrontieren wir in unserem Buch mit den von der psychologischen Forschung ermittelten psychischen Grundbedürfnissen des Menschen. Dieses von vielen einschlägigen Experten bestätigte Bedürfnisprofil dient uns im Weiteren als Maßstab für die Antwort auf die Frage, ob die Praxis aktueller Erziehung und Bildung den wirklichen Bedürfnissen von Kindern gerecht wird. Zu diesem Zweck nehmen wir aktuelle Konzepte von Erziehung und Bildung anhand von Beispielen aus Elternhaus, Krippe, Kindergarten und Grundschule kritisch unter die Lupe. Schließlich formulieren wir vor dem Hintergrund der psychischen Grundbedürfnisse von Kindern und gesicherter wissenschaftlicher Erkenntnisse über Kinder im ersten Lebensjahrzehnt die Vision einer neuen bedürfnisorientierten Pädagogik.

BILDUNG UND ERZIEHUNG HEUTE – AM KIND VORBEI?

Glaubt man dem aktuellen Mainstream in der Pädagogik und der Bildungspolitik, dann brauchen Kinder:

- Frühestmögliche Eingliederung in eine Krippe oder in einen Kindergarten
- Frühestmögliche Bildungsangebote
- Ganztägige schulische Betreuung
- In erster Linie kognitive Förderung
- Orientierung von Bildung an Kompetenzen
- Inklusives Lernen, unabhängig von ihren kognitiven, sozialen und emotionalen Fähigkeiten
- Frühen Einsatz digitaler Medien
- Ständige Leistungsüberprüfung durch Evaluation und Tests

Dieses pädagogische Credo wird landauf landab gepredigt und ist offenbar ein verbreiteter Konsens. Kaum jemand widerspricht, weder Eltern noch Lehrer oder Erzieher. Es besteht demnach weitgehende Einigkeit darüber, was für Kinder förderlich ist.

Beim genaueren Hinschauen fällt jedoch auf, dass bei bildungspolitischen Entscheidungen und Maßnahmen überwiegend die Interessen von Politik, Wirtschaft und Gesellschaft und nicht die Bedürfnisse der Kinder im Vordergrund stehen. Sie spielen kaum eine Rolle. Die Ergebnisse der Wissenschaft in diesem Zusammenhang auch nicht. Vielmehr geht es oft um die Realisierung einseitig ideologisch motivierter bildungspolitischer Zielsetzungen. Es findet keine kontroverse öffentliche Debatte über die wahren Bedürfnisse der Kinder statt.

Häufig schließt nach der Krippenbetreuung für die Kinder ab dem 3. Lebensjahr nahtlos die Kita an, in der laut offizieller

Verlautbarungen schon Bildung stattfinden soll. Darauf folgt die Ganztagsschule. Letztere ist das zentrale bildungspolitische Instrument der totalen Pädagogisierung der Kindheit und frühen Jugend. Das ist verkürzt formuliert der generelle Trend.[1]

Vereinbarkeit von Kind und Karriere, das ist das Credo der aktuellen Familien- und Bildungspolitik der etablierten Parteien, die, unterstützt von einem ebenso einheitlichen Meinungsbild in den dominierenden Medien, mit immer neuen Programmen zur Karriereförderung vor allem junger Mütter um Wählerstimmen buhlen. Aber sind Familie und Beruf wirklich vereinbar? Ist der gigantische und kostenintensive Ausbau von Krippen, Kitas und Ganztagsschulen der richtige Weg, das Wohl der Kinder und die Karrierepläne der Erwachsenen zu verbinden? Ist es wirklich das Beste, das Kind mit einem Jahr oder früher in die Krippe zu geben? Gibt es, von Notlagen einmal abgesehen, wirklich keine andere Lösung? Sind Kinder unter drei Jahren nicht am besten bei ihren Eltern aufgehoben? Sollten Eltern nicht wieder mehr Verantwortung für ihre Kleinsten übernehmen, statt sie in den wichtigsten Jahren fremden Menschen zu überlassen? Ist es nicht schade, diese wichtigen Jahre der eigenen Kinder nicht ungeteilt erleben zu können? Müssen alle Kinder zwischen drei und sechs Jahren in der Kita schon mit Bildungsprogrammen konfrontiert werden, statt zu Hause, bei Nachbarn oder Freunden zu spielen? Müssen wirklich alle Schüler von der Grundschule bis zum Schulabschluss den ganzen Tag in der Schule verbringen, weil die Interessen der Erwachsenen dies erfordern?

Es ist höchste Zeit, diesen Fragen vorurteilsfrei und auf der Basis wissenschaftlicher Erkenntnisse nachzugehen.

Auf den Prüfstand gehören in diesem Zusammenhang auch die zahlreichen Reformen der vergangenen Jahre im Schulbereich. Diese wurden durch teilweise fragwürdige Ergebnisse der so genannten PISA-Studie angestoßen, von ideologisch motivierten Bildungspolitikern meist ohne Diskussion mit den Fachleuten vor Ort über die Köpfe hinweg und auf dem

Rücken der betroffenen Eltern, Lehrer, Erzieher und insbesondere der Kinder durchgesetzt. Und das, obwohl die Wirksamkeit dieser immens teuren Maßnahmen von vielen Experten in Frage gestellt wird.

Es ist dringend geboten, endlich wieder die Perspektive des Kindes einzunehmen, wie es Ellen Key am Anfang des 20. Jahrhunderts so eindringlich gefordert hat.[2] Das sieht auch die berufstätige Mutter und Journalistin Delna Atia-Tatic so, wenn sie in ihrem Artikel „Das Kind muss weg" feststellt, „dass eine Stimme in der Diskussion fehlt. Die des Kindes. Fragt sich eigentlich einer von uns, was sich unsere Kinder wünschen? In der gesamten Debatte geht es um jeden, die Frau, den Papa, die Unternehmen, den Staat. Aber geht es einmal um die Kinder? Ihr Weinen kann noch so laut sein, ihre Stimme erscheint mir stumm."[3]

Um die zentrale Frage nach den Bedürfnissen der Kinder beantworten zu können, muss man in erster Linie diejenigen fragen, die in teilweise jahrzehntelanger Forschung ermittelt haben, was Kinder für eine gesunde Entwicklung brauchen. Die entwicklungspsychologischen und bindungstheoretischen Erkenntnisse und die pädagogischen und hirnphysiologischen Forschungsergebnisse basieren auf Beobachtungen und Befragungen von vielen Tausenden von Kindern. Ergänzt werden soll dieses gesicherte Wissen durch Beobachtungen und Berichte von erfahrenen Eltern, Lehrern und Erziehern zu diesem Thema. Die auf diese Weise gesammelten Erkenntnisse bilden einen fundierten und wohl begründeten Maßstab zur Beurteilung der aktuellen Situation im Hinblick auf die Frage, ob Kinder heute in Familie, Kindergarten und Schule Bedingungen vorfinden, die sie in ihrer körperlichen und psychischen Entwicklung so fördern, wie es notwendig und angemessen wäre.

DIE PSYCHISCHEN GRUNDBEDÜRFNISSE DER KINDER

Alle Eltern kennen das: Neugeborene schreien, wenn sie Hunger oder Schmerzen haben. Die Mutter oder der Vater nimmt es dann in den Arm und füttert es, redet beruhigend auf es ein, singt vielleicht ein kleines Lied, wickelt es. Danach ist das Baby in der Regel satt und zufrieden und schläft meist ruhig im Arm der Mutter ein. Aus diesem für Eltern alltäglichen Erleben kann man bereits ein erstes zentrales Grundbedürfnis erkennen. Das Kind schreit, wenn es Hunger oder Schmerzen hat, und signalisiert so den Eltern auf unüberhörbare Weise, dass es diesen Zustand nicht mag. Es möchte Nahrung, Zuwendung, Schmerzstillung, kurz: Es möchte sich wohlfühlen und unangenehme Empfindungen vermeiden. Damit zeigt das Kind schon in dem zarten Alter von einigen Tagen, was es zuallererst braucht.

Im weiteren Entwicklungsverlauf nimmt das Kind zu den Eltern Blickkontakt auf, es lächelt, wenn die Eltern es in den Arm nehmen, und es weint, wenn die Mutter oder der Vater sich entfernen. Das ist das erste deutliche Signal des Kindes, das der Mutter oder dem Vater sagt: Ich will Verbindung zu dir aufnehmen. Ich mag deine Nähe. Ich will, dass du in meiner Nähe bleibst. Damit ist ein weiteres zentrales Grundbedürfnis durch das tägliche Erleben mit dem Kind identifiziert: Kinder wollen Verbindungen zu ihren unmittelbaren Mitmenschen, später auch zu ihrer weiteren Umwelt aufbauen. Sie wollen lieben und geliebt werden.

Etwa mit einem halben Jahr fangen die Kinder an, sich von ihrer Bezugsperson mehr und mehr wegzubewegen. Erst durch das so genannte Robben, später durch Krabbeln, dann durch das aufrechte Gehen. Immer weiter entfernen sich die Kleinen von der Bezugsperson. Natürlich kehren sie zwischendurch immer wieder von ihren Ausflügen zurück, aber das Bestreben, sich immer weiter zu entfernen, nimmt zu. Dieses Bedürfnis nennt die Wissenschaft das Bedürfnis nach Autonomie. Es ist der Gegenpol zu dem vorher gezeigten Bindungsverhalten.

Das Ausbalancieren dieser beiden Bedürfnisse ist nach Ansicht vieler Wissenschaftler enorm wichtig für eine gesunde körperliche und geistige Entwicklung des Kindes.

Von großer Wichtigkeit ist auch, was alle Eltern spontan tun, wenn ihr Kind etwas geschafft hat: Sie loben das Kind. „Das hast du toll gemacht! Das war super. Ich bin stolz auf dich!", so oder ähnlich lauten dann die anerkennenden Worte. Wer von uns kennt nicht die beflügelnde Wirkung von Lob und Anerkennung? Für die kindliche Seele ist es Balsam und für seine geistige und körperliche Entwicklung unerlässlich, dass das Bedürfnis nach Anerkennung ausreichend Beachtung findet.

Die genannten alltäglichen Beobachtungen und Erfahrungen, die alle Eltern machen, werden von der Wissenschaft bestätigt.

In der psychologischen Forschung hat man sich schon seit Freud damit beschäftigt, was der Mensch braucht, um psychisch gesund zu bleiben. In den 50er-Jahren des vorigen Jahrhunderts nannte der Psychologe Abraham Maslow in seiner berühmten „Bedürfnispyramide" einige Grundbedürfnisse, die in vielen anderen psychologischen Konzepten ebenfalls enthalten sind, wie die Bedürfnisse geliebt, anerkannt und wertgeschätzt zu werden.[4]

Aufgrund eigener Forschungen auf dem Gebiet der seelischen Grundbedürfnisse und der Auswertung zahlreicher Studien anderer Wissenschaftler zu dem Thema entwickelte der Psychotherapieforscher Klaus Grawe ein anerkanntes Modell der vier wichtigsten psychischen Grundbedürfnisse des Menschen. Wir stützen uns in unseren Ausführungen vor allem auf dieses Konzept. In Anlehnung auch an Ulrike Ludwig[5] formulieren wir die folgenden vier seelischen Grundbedürfnisse als Basis für unsere weiteren Betrachtungen:

- Bindung
- Autonomie
- Anerkennung
- Lustbefriedigung und Unlustvermeidung

In der Psychologie wird darüber hinaus teilweise das Bedürfnis nach Sinn und Spiritualität ergänzend hinzugefügt. Diese Aspekte ordnen wir dem Bereich Bindung zu.

Diese vier Grundbedürfnisse sind nicht als hierarchisch angeordnet zu verstehen.[6] Sie sind vielmehr gleichwertige, nebeneinander bestehende psychische Grunddispositionen. Werden diese psychischen Grundbedürfnisse besonders in den ersten Lebensjahren nicht in ausreichendem Maße erfüllt, kann es leicht zu seelischem Ungleichgewicht und in der Folge zu psychischen und körperlichen Störungen kommen. Aus diesem Grunde ist es von höchster Wichtigkeit, diese Bedürfnisse bei der Erziehung und Bildung im Elternhaus, in Kita und Schule bei den pädagogischen Entscheidungen zu berücksichtigen.

Nur wenn die genannten Grundbedürfnisse in ausreichendem Maße in der Kindheit befriedigt wurden, besteht die Aussicht, dass auch in schwierigen Phasen des Lebens die psychische und körperliche Gesundheit und Stabilität erhalten bleibt. Dies wird von der umfangreichen Resilienzforschung bestätigt. „Es konnte gezeigt werden, dass anhaltende oder schwere Verletzung bzw. Nichterfüllung der Grundbedürfnisse zu seelischen Störungen und Krankheit führt."[7] Im besonderen Maße gilt dies für die geistige und körperliche Entwicklung von Kindern. Erfährt das Kind nämlich Defizite bei der Erfüllung eines oder mehrerer Grundbedürfnisse, so bleibt an der Stelle gewissermaßen eine „Lücke" und damit im weiteren Leben der bleibende Wunsch, diese „Lücke" auszufüllen. Das geschieht aber häufig zu Lasten eines anderen Grundbedürfnisses. Bei diesem Prozess kann das Gleichgewicht innerhalb des Grundbedürfnisgefüges empfindlich gestört werden und zu Fehlentwicklungen führen.

Um die Frage nach der angemessenen Beachtung der Belange der Kinder in der aktuellen Praxis von Erziehung und Bildung heute zu beantworten, ist es zunächst nötig, die oben genannten psychischen Grundbedürfnisse des Menschen und ihren Zusammenklang näher zu betrachten.

Bindung – Basis für das ganze Leben

Das Bedürfnis nach Liebe, Geborgenheit, Zusammengehörigkeit und damit nach Bindung ist für alle Menschen eine zentrale Grundlage ihres gesamten Lebens. „Bindung bedeutet nicht nur Liebe zu einem Partner oder Kind, sondern beinhaltet alle positiven Bindungen mit Freunden, Arbeitskollegen und anderen."[8] Nach unserem Verständnis gehört dazu nicht nur die Bindung an Menschen, sondern auch die Verbindung zur lebendigen Natur, zu wichtigen Dingen und Inhalten, mit denen Kinder sich beschäftigen, und zum gesamten Kosmos. Die Suche nach Spiritualität und Werten und nach einem individuellen Lebenssinn ist ebenfalls ein wichtiger Aspekt dieses Grundbedürfnisses. Ein Mensch, der keine Bindungen in dem genannten umfassenden Sinne entwickeln konnte, hat ein erhöhtes Risiko, körperlich oder psychisch zu erkranken. Für Kinder gilt dies besonders. Sie sind in den ersten Lebensjahren vor allem auf eine intensive Bindung zu ihren wichtigsten Bezugspersonen elementar angewiesen. Das sagen übereinstimmend alle Forschungsergebnisse der Bindungsforschung. Bindung bedeutet dabei die „intensive, überdauernde, sozial-emotionale Beziehung"[9] Die in den ersten Lebensjahren gemachten Bindungserfahrungen haben lebenslange Auswirkungen auf soziale und emotionale Beziehungen zu anderen Menschen und auf das Gefühl von Sicherheit und Geborgenheit.

Autonomie – *Gegenstück zur Bindung*

„Das Bedürfnis nach Autonomie entwickelt sich schon bei den ganz kleinen Kindern – nicht zuletzt im Zusammenhang mit zunehmender körperlicher Fertigkeit ... und Sprache. Neugier, Freude an der körperlichen Bewegung, Fähigkeit zu denken, zu sprechen und selbstständig zu handeln, führen dazu, dass das kleine Menschlein anfängt, sich auf die äußere Welt auszurichten – sie zu erobern."[10] Dieses Bedürfnis nach Freiheit und Selbstbestimmung durchzieht das gesamte spätere Leben. So ist eine Entwicklung zu eigenständigem Denken und die Suche nach dem eigenen Selbst, dem Kern der Persönlichkeit und der damit verbundenen Frage nach dem Sinn des eigenen Lebens ohne den Antrieb durch das Grundbedürfnis Autonomie nicht denkbar. Deshalb muss es unbedingt gestärkt und gefördert werden. Wichtig ist dabei jedoch, dass der Zusammenhang von Bindung und Autonomie nicht aus den Augen verloren wird. „Insgesamt kann man sich das Bedürfnis nach Autonomie als gegenpoliges Zwillingspaar zum Bedürfnis nach Bindung vorstellen, wobei eine gute und sichere Bindung Voraussetzung für die Entwicklung einer positiven Autonomie ist."[11] Nur ein sicher gebundenes Kind kann sich später in gesunder Weise immer mehr von den Eltern ablösen und seinen eigenen selbstbestimmten Weg finden.

Anerkennung – *Motor für die kindliche Entwicklung*

Anerkennung ist für alle Menschen von außerordentlicher Wichtigkeit. Für Kinder ist es buchstäblich lebenswichtig, Wertschätzung zu erfahren. „Das Bedürfnis nach Selbstwerterhöhung und Selbstwertschutz ist ein spezifisch menschliches Bedürfnis mit sehr hohem Einfluss auf das Wohlbefinden.

Menschen brauchen lebenslang wiederkehrende, wohlwollende Beachtung, Bestätigung und Anerkennung. Nur so kann ein Gefühl von eigener Kompetenz, Selbstwirksamkeit, Würde und Selbstachtung entstehen und erhalten bleiben."[12] Der Psychologe und Psychotherapeut Carl Rogers hat schon in den 60er-Jahren des 20. Jahrhunderts auf die Bedeutung der unbedingten positiven Wertschätzung bei der Erziehung von Kindern hingewiesen. Kinder sollen seiner Ansicht nach „immer das Gefühl haben … geliebt und akzeptiert zu werden, trotz ihrer Fehler und ihres Fehlverhaltens – dass sie sich die Liebe der Eltern nicht verdienen müssen …"[13] Genauso wichtig ist die Anerkennung einer positiven Leistung oder des Bemühens darum. Das gilt gleichermaßen für die Entwicklung des Kleinkindes wie für Kinder in der Grundschule. Ohne Anerkennung und Wertschätzung kann sich die Persönlichkeit eines Kindes nicht positiv entwickeln. Kleinkinder fordern diese Anerkennung von ihren Bezugspersonen ständig, indem sie immer wieder auf sich aufmerksam machen. „Guck mal, was ich schon kann." Oder: „Mama, schau mal, was ich gebaut habe." Diese und ähnliche Äußerungen kann man immer wieder hören, wenn man Kinder mit ihren Eltern beobachtet. Es ist Kleinkindern besonders wichtig, dass die Anerkennung zeitnah erfolgt und nicht erst später. Bei Kindern, die das nicht in dieser Weise erleben, besteht die Gefahr, dass sie resignieren und kein stabiles Selbstvertrauen aufbauen können. Eine Förderung von Leistungen in Bildung und Schule ohne Anerkennung von Lernerfolgen und Wertschätzung der Person ist nicht denkbar. Vor allem in der Grundschule brauchen Kinder diese häufige Anerkennung durch ihre Lehrer, damit das Vertrauen in die eigene Leistungsfähigkeit wachsen kann.

Allerdings muss Anerkennung auf tatsächliches Bemühen des Kindes erfolgen und darf nicht inflationär eingesetzt werden, wenn sie eine selbstwertsteigernde Wirkung entfalten soll.

Lustbefriedigung und Unlustvermeidung – ein elementares Bedürfnis

Das Grundbedürfnis nach Lustbefriedigung und Unlustvermeidung ist für die menschliche Entwicklung elementar.

Schon der Fötus im Mutterleib verspürt körperliches Wohlbefinden bzw. das Gegenteil davon. „Wir alle haben ein natürliches Bedürfnis nach Gesundheit, Wohlbehagen und körperlicher Unversehrtheit."[14] Wir streben dabei immer alles an, was zu Lust und Wohlbehagen beiträgt, und vermeiden das Gegenteil. Schmerzen, Hunger, Kälte sind die augenfälligsten Ursachen für körperliches Unwohlsein. Aber es gibt auch andere Faktoren, die auf das Wohlbefinden einwirken. Angst, Stress und mangelnde Geborgenheit können das Wohlbefinden beeinträchtigen und sogar zu Erkrankungen führen. Nach Spaß zu streben und Lebensfreude zu entwickeln, ist eine wichtige Grundlage im Hinblick auf die Motivation zu Aktivitäten aller Art, sei es in der Freizeit, in der Schule oder im Beruf. Wir verstehen unter dem Bedürfnis nach Lust vor allem das Streben nach Freude, Begeisterung, Faszination und der Liebe zum Lerngegenstand.

Dieses Grundbedürfnis kann allerdings auch zu Bequemlichkeit, Trägheit und letztlich zum oberflächlichen Hedonismus verleiten, wenn eine inhaltliche Motivation zu sinnvoller Aktivität fehlt, die den unmittelbaren Lustgewinn übersteigt.

Grundbedürfnisse in der Balance

Die hier nacheinander dargestellten Grundbedürfnisse des Menschen existieren nicht getrennt voneinander. So steht das Bedürfnis nach Bindung auf den verschiedenen Ebenen vom ersten Tag an neben dem Grundbedürfnis nach Autonomie. Beide Bedürfnisse stehen in Wechselwirkung zueinander. Das Kind entwickelt unmittelbar nach der Geburt schon kleine Schritte in Richtung Autonomie. Es nimmt die Nahrung beim Stillen zwar noch direkt von der Mutter und im engen Kontakt zu ihr auf, aber es muss die Nahrung im Unterschied zur Situation im Mutterleib selbst aktiv zu sich nehmen. Es muss außerdem seinen Wärmehaushalt selbst regulieren, durch Schreien seinen Hunger oder Schmerz signalisieren u. a. m. In der weiteren Entwicklung gewinnt das Kind immer mehr Autonomie, indem es seinen Kopf hebt, sich selbstständig dreht, aufrichtet, sitzt und geht. Dann entfernt es sich buchstäblich immer mehr von der Mutter. Alle diese Entwicklungsphasen sind Schritte zu immer größerer Selbstständigkeit. Dabei benötigt das Kind immer wieder die Gewissheit der sicheren Bindung an die Mutter oder den Vater. Es muss wissen, dass die Eltern in der Nähe sind. Es kann jederzeit zu ihnen zurückkehren. Wichtig dabei ist, dass die Eltern ihr Kind loslassen und nicht ständig eingreifen. Nur so kann sich das Kind angstfrei und selbstständig entwickeln. Ähnliches vollzieht sich beim Lernen in der Schule. Ein Lernen im Gleichschritt, ohne individuelle Eigenständigkeit ist genauso problematisch wie ein Unterricht, der die Kinder zu früh ganz allein lässt wie in manchen Formen des offenen Unterrichts. Ersterer kann selbstständiges Lernen verhindern, Letzterer die Schüler durch einen Mangel an Verbindlichkeit überfordern. Bindung und Autonomie sind also aufs Engste miteinander verwoben und müssen lebenslang auch in allen Beziehungen, die ein Mensch eingeht, immer wieder neu ausbalanciert werden.

Auch das Grundbedürfnis der Anerkennung spielt eine wichtige Rolle im Gefüge der Grundbedürfnisse. Immer wieder muss das Kind Bestätigung durch aufmunternde Äußerungen erhalten. Solche Formen der Anerkennung wirken einerseits positiv auf die Bindungsentwicklung, andererseits auch auf die Freude am Erfolg. Dies ist wiederum wichtig, um mit den Schwierigkeiten und Frustrationen umgehen zu können, die das Kind erleidet, wenn es beispielsweise bei der

Entwicklung hin zum Gehen aufsteht und immer wieder hinfällt, sich wehtut usw. Ähnliches gilt auch für das Lernen in der Schule. Auch hier muss die Balance zwischen Bindung, Autonomie, Anerkennung und Lust/Unlust gehalten werden, wenn das Kind erfolgreich lernen soll. Was für den gesamten Bildungsprozess gilt, hat auch für den Bereich der sozialen Erziehung große Bedeutung. Wenn hier die Bedürfnisse nach Bindung, Autonomie und Anerkennung nicht in der Balance sind, kann das fatale Folgen haben. Das Bedürfnis nach Zugehörigkeit zur Familie, dann zur Lerngruppe oder zur Peergroup, später zu Staat und Gesellschaft kann wegen erlittener Defizite so stark werden, dass die Autonomie darunter leidet. Die Entwicklung von eigenständigem Denken und Handeln wird durch das überstarke Bedürfnis nach Verbundenheit und Anerkennung behindert, was leicht zu Angepasstheit, Konformismus und mangelnder Fähigkeit führen kann, Gruppendruck oder Meinungsmacht zu widerstehen. Das ist sowohl für die Einzelperson als auch für die demokratisch verfasste Gesellschaft fatal.

BILDUNG UND ERZIEHUNG IN DER KRITIK – WEGE ZU EINER BEDÜRFNISORIENTIERTEN PÄDAGOGIK

Kinder wollen sich mit der Welt verbinden

Kinder nehmen mit zunehmendem Alter zu verschiedenen Lebensbereichen Verbindung auf, die sich als konzentrisch strukturierte Bereiche darstellen lassen, in welche die Kinder nach und nach hineinwachsen. Grundlegend ist zunächst die Verbindung zu den Eltern. Anschließend wird der Bereich der weiteren Familie mit Geschwistern, Großeltern und anderen nahen Verwandten, evtl. auch Haustieren erschlossen. Es folgt der Bereich Freunde, Nachbarn, Erzieher und Lehrer. In der weiteren Entwicklung des Kindes werden Verbindungen zu den Bereichen Gesellschaft, Kultur (Sprache, Werte, Wissenschaft, Kunst, Musik, Medien) und Natur immer prägender. Ergänzend kann der Bereich des Religiösen oder Philosophischen als sinnstiftendes Element hinzukommen und Geborgenheit in einem als sinnvoll empfundenen Ganzen vermitteln.

Sicher gebunden – auf die Eltern kommt es an

Nach einhelliger Meinung vieler Experten sind die ersten drei Lebensjahre von zentraler Bedeutung für eine gesunde psychische, physische, geistige und soziale Entwicklung des Kindes. In diesen Jahren sind der Wunsch und die aktive Suche nach Nähe zu einer bevorzugten Person besonders groß.

Der Mensch ist eine physiologische Frühgeburt und könnte deshalb in den ersten Monaten ohne intensive Fürsorge nicht überleben. Aus diesem Grund ist das Kind in dieser ersten Lebensphase auf intensiven Kontakt mit der Mutter, dem Vater oder einer anderen sehr engen Bezugsperson angewiesen, um sich seelisch gesund zu entwickeln.

Wenn diese Bindung aufgebaut ist, reagieren viele Kinder mit Angst und Trauer, sobald sich die Bindungsperson entfernt. Müssen sich Kinder mit einem Jahr für mehrere Stunden von den primären Bezugspersonen trennen, reagieren viele mit Weinen oder auch mit traurigem in-sich-gekehrt-Sein. Die Verfechter der frühen Krippenerziehung sind der Meinung, dass eine Bindung an eine Krippenerzieherin nahezu die gleiche Qualität habe wie die Bindung an die Eltern. Dieser Ansicht widersprechen wir. Selbst wenn eine enge Bindung zwischen Erzieherin und Kind gelingen sollte, bleibt die primäre Bindung, nämlich die an Mutter und Vater (oder evtl. sehr nahe Verwandte wie die Großeltern), ein viel stärkeres Band.

Der Psychoanalytiker Kohut macht deutlich, dass nur die Eltern aufgrund ihrer besonderen Freude an und ihrem Stolz auf ihr Kind diese notwendige intensive dyadische Verbindung bieten können. Die besondere Emotionalität, die Liebe, die Eltern ihrem Kind i. d. R. entgegenbringen, teilt sich ihm mit. Sie bildet die Grundlage für eine gesunde Entwicklung. Kohut spricht in diesem Zusammenhang von dem „Glanz im Auge der Mutter", der diese besonders tiefe emotionale Verbindung zwischen Mutter/Vater und Kind kennzeichnet.[15] Eine solche innige Liebe zu dem Kind ist von keiner noch so engagierten Erzieherin zu erwarten.

Die allermeisten Eltern lieben ihr Kind bedingungslos. Sie stehen selbst bei schwerwiegenden Problemen zu ihrem Kind und würden sicher große Opfer für das Wohlergehen ihres Kindes bringen, weil sie sich mit dem eigenen Kind existenziell verbunden fühlen. Das Kind ist Teil ihres eigenen Lebens. Von einer Krippenerzieherin, die mehrere kleine Kinder zu betreuen hat und hier ihre Berufsrolle wahrnimmt, ein den Eltern entsprechendes Bindungsverhalten zu erwarten, erscheint uns völlig unrealistisch.

Verfrühte Fremdbetreuung – Risiken und Nebenwirkungen

Immer öfter werden Mütter in der veröffentlichten Meinung quasi als Heldinnen des Alltags gefeiert, wenn sie Kind und Karriere verbinden wollen. Unter dem Titel „Kind und Karriere in Hamburg – wie geht das?" findet man auf der ersten Seite einer Ausgabe des Hamburger Abendblattes das Bild von jungen Müttern, die mit ihren Kindern im Tragegurt vor dem Bauch, mit der Aktentasche in der Hand und im Businessdress etwas verkrampft lächelnd vor der Kamera posieren.[16] Das Bild soll die schöne neue Welt der nicht nur berufstätigen (das reicht schon nicht mehr aus), sondern auch noch erfolgreichen (das bedeutet möglicherweise in Führungspositionen) jungen Mütter symbolisieren, die problemlos Kind und Karriere meistern. Alles gut, alles easy, so soll uns das Bild suggerieren. Blickt man jedoch etwas genauer hin, so könnte man das Foto auch anders interpretieren. Die jungen Mütter schauen in die Kamera, mehr oder weniger lächelnd, keine blickt auf ihr Kind. Die Kinder schauen nach vorn, weg von ihren Müttern. Diese Kinder sind alle noch kein Jahr alt und werden offensichtlich gerade zur Krippe gebracht, ob sie das wollen oder nicht. Gefragt hat sie sicherlich keiner, ob sie es schön finden, frühmorgens aus dem Bett geholt und oft in Eile in irgendeine Krippe zu anderen Kindern und Erwachsenen gebracht zu werden, häufig einen großen Teil des Tages von ihren Müttern und Vätern getrennt zu verbringen und damit unter erheblichen Stress gesetzt zu werden. Manche Kinder weinen, viele resignieren irgendwann. Was sie wirklich empfinden und wahrscheinlich erleiden, will offenbar keiner so genau wissen.

Zahlreiche Studien im In- und Ausland zur Wirkung von Fremdbetreuung belegen, dass eine frühe und zeitlich ausgedehnte außerfamiliäre Erziehung schwerwiegende negative Folgen für die betroffenen Kinder haben kann.

Umfangreiche „Forschungsergebnisse der letzten zwanzig Jahre zeigen, dass für den Einfluss der Fremdbetreuung auf die Entwicklung des Kindes vor allem das Alter und die Betreuungsdauer maßgeblich sind. Je mehr nichtverwandtschaftliche Betreuung Kinder bis viereinhalb Jahre erleben, desto mehr treten zum Zeitpunkt der Betreuung, aber auch in der späteren Kindheit Verhaltensprobleme wie Trotz und Wutanfälle, Zerstörung von Dingen, Lehrer-Schüler-Konflikte, Schwächen im Sozialverhalten und mangelnde Empathie auf. Auch Kontaktschwäche, Rückzug in sich selbst und Depressionen werden als Konsequenz beobachtet. Der Einfluss der Betreuungsqualität ist dabei gering."[17] In dieser Zusammenfassung werden die Ergebnisse von diversen internationalen Studien aus den USA, Deutschland, Österreich, Schweiz, Finnland, Schweden, Kanada, Norwegen, Niederlande und England zitiert, die das enorme Risiko der frühen Fremdbetreuung in Krippen für die Entwicklung und Gesundheit der Kinder eindrucksvoll belegen.

Der Neurologe und Psychotherapeut Joachim Bauer weist ferner darauf hin, dass sich in den ersten drei Jahren die wichtige Unterscheidung zwischen Ich und Du entwickelt. In dieser Phase braucht das Kind eine stabile dyadische Verbindung, um ein Ich-Bewusstsein aufzubauen.

Erfährt das Kind eine solche intensive Bindung nicht in ausreichendem Maße, kann sich das innere Selbstbild des Kindes möglicherweise nicht stabil entwickeln. Das kann für das gesamte weitere Leben gravierende Folgen haben.

Nach Ansicht der Pädagogin und Psychotherapeutin Eva Rass brauchen Kinder unter drei Jahren eine intensive Unterstützung bei der Regulierung ihrer Emotionen. Kinder in dem Alter unter drei Jahren können allein keinen Stress verarbeiten. Stress erzeugt Erregung. Zur Regulierung dieser Erregung brauchen die Kinder Modulationsimpulse von außen, die ihnen helfen, mit ihren Emotionen angemessen umzugehen. So kann man beispielsweise Kinder dabei unterstützen, mit starken Gefühlen wie Zorn, Trauer und Frustration besser umzugehen, indem man durch beruhigende Worte und Gesten stressreduzierend auf sie einwirkt. Diese Aufgabe gelingt am besten in der familiären Umgebung.[18] Wenn Kinder in dieser sensiblen Phase in einer Krippe betreut werden, entsteht ein doppeltes Problem: Erstens kann eine Krippenbetreuung die verschiedenen Kinder nicht optimal bei der Verarbeitung von Stress unterstützen, wie es die Eltern können. Zweitens entsteht gerade durch die tägliche Trennung von den Eltern „ein riesengroßer Stress", wie der Bindungsforscher Brisch betont.[19] Als besonders besorgniserregend erwiesen sich Ergebnisse der Stressforschung in Bezug auf die frühkindliche Krippenbetreuung. Ergebnisse zahlreicher Studien zu diesem Thema belegen, „dass die Stressbelastung für ein ganztägig betreutes Krippenkind durchschnittlich deutlich höher liegt als für einen erwerbstätigen Erwachsenen".[20] Der Kinderarzt Rainer Böhm stellt in Untersuchungen fest, dass die Cortisolprofile von Kindern in Kinderkrippen vergleichbar sind mit denen solcher Kinder, die emotionale, körperliche und sexuelle Gewalt erfahren haben.[21] Die Folgen dieser frühkindlichen Stressbelastung sind gravierend. Das Risiko, im Laufe des Lebens psychische Störungen (z. B. Depressionen, Angst- und Schmerzstörungen) zu entwickeln, steigt, wie Studien zeigen, mit dem Grad der chronischen Stressbelastung.[22]

Aber auch später auftretende körperliche Erkrankungen können die Folge von zu hoher Stressbelastung durch zu frühe Fremdbetreuung sein.[23] Viele der Kleinstkinder unter drei Jahren sind schlicht überfordert mit diesem frühmorgendlichen Stress. Manche zeigen durch häufiges Weinen und Verweigerungshaltungen, wie sehr sie darunter leiden. Rainer Böhm konstatiert eine Vielzahl von Folgen dieser frühkindlichen Stressbelastung von Kleinkindern durch die frühe Betreuung in Krippen. „Entgegen dem normalen Verlauf an Tagen im Kreis der Familie – hoher Wert am Morgen und kontinuierlicher Abfall zum Abend hin –, stieg die Ausschüttung des

Stresshormons (Cortisol, d. Verf.) während der ganztägigen Betreuung im Verlauf des Tages an – ein untrügliches Zeichen einer erheblichen und chronischen Stressbelastung.[24] Nach einer Metaanalyse von neun Studien einer holländischen Wissenschaftlerin lassen sich die „Cortisol-Tagesprofile, wie sie bei Kleinkindern in Kinderkrippen nachgewiesen wurden ... mit den Stressreaktionen von Managern vergleichen ..."[25] Auch viele erfahrene Krippenerzieherinnen berichten Besorgniserregendes aus ihrem Alltag, wie diese Äußerung zeigt: *„Viele Kinder sind mit der frühen Trennung von den Eltern überfordert und zeigen Anzeichen von Enttäuschung, Traurigkeit und innerer Unruhe. Auch auffällig häufige Erkältungskrankheiten beobachten wir oft. Als Krippenerzieherin ist man schlicht überfordert. Selbst wenn man sich noch so viel Mühe gibt, die Mutter oder den Vater kann man für die Kleinen nicht ersetzen."* Böhms Fazit aus dem oben Ausgeführten ist eindeutig: „Kleinkinder dauerhaftem Stress auszusetzen ist unethisch, verstößt gegen Menschenrecht, macht akut und chronisch krank."[26]

Auch Verhaltensstörungen der frühbetreuten Kinder wurden festgestellt. Ergebnisse der aktuellen Betreuungsforschung in den USA zeigen in einer Großstudie des National Institut of Child Health, dass die „Dauer früher (Fremd-, d. Verf.) Betreuung ... linear mit einer Zunahme aggressiven und impulsiven Verhaltens verbunden (ist, d. Verf.), und zwar unabhängig von der Betreuungsqualität(!) und insbesondere in Krippen."[27] Eine umfangreiche Längsschnittstudie in Kanada durch das National Longitudinal Survey of Children and Youth (NLSCY) kommt zu ähnlich erschreckenden Ergebnissen. „Bei den Kindern in Quebec zeigten sich eine Zunahme von Hyperaktivität, Unaufmerksamkeit, Aggressivität, eine Verschlechterung des Gesundheitszustands, hauptsächlich in Form vermehrter Infektionskrankheiten."[28]

Der Traumaforscher Franz Ruppert weist darüber hinaus auf die Gefahr einer Traumatisierung mit schwerwiegenden Langzeitfolgen bei einer zu frühen und ausgedehnten

Fremdbetreuung in Krippen hin. „Es besteht ein Zusammenhang zwischen dem Beginn der Betreuung in Kindereinrichtungen und ihrer Dauer und den beobachteten Verhaltensauffälligkeiten der Kinder bis zum 15. Lebensjahr, und zwar unabhängig von der Qualität der Fremdbetreuung. Das bedeutet: Je früher und je länger Kinder fremdbetreut wurden, desto mehr negative Auffälligkeiten zeigten die untersuchten Kinder."[29]

Auch die Gesellschaft für Seelische Gesundheit in der Frühen Kindheit[30] warnte in einem Positionspapier, dass die frühkindlichen Bindungs- und Beziehungsbedürfnisse bei frühkindlicher Fremdbetreuung nicht ausreichend berücksichtigt werden.

Überdies spricht vieles dafür, dass der ökonomisch-gesellschaftliche Nutzen, der durch die Berufstätigkeit beider Eltern entsteht, mit hoher Wahrscheinlichkeit geringer ist als die Kosten, die durch später möglicherweise notwendige medizinische oder psychotherapeutische Interventionen und andere Maßnahmen langfristig verursacht werden.

Alle diese genannten Probleme hindern Bundesregierung und Wirtschaftsverbände nicht daran, die Erhöhung der Zahl der außerfamiliären Betreuungsplätze als Ausweis einer modernen und angemessenen Familienpolitik zu betrachten.

Es bleibt festzuhalten: Fachleute aus Wissenschaft und Praxis haben teilweise große Bedenken bzw. gravierende Einwände gegen eine frühe, lange Fremdbetreuung, vor allem von Kindern unter drei Jahren. Dass trotz der oben zitierten erdrückenden Hinweise aus zwanzig internationalen wissenschaftlichen Studien die enormen Risiken für die körperliche und psychische Entwicklung der Kinder durch eine frühe Fremdbetreuung in Politik und Gesellschaft nicht nur bestritten, sondern deren angebliche Chancen massiv propagiert werden, ist, so der Psychologe Belsky, „nicht länger haltbar"[31]

Die Folgen einer frühen und zeitlich ausgedehnten Fremdbetreuung können auch in anderer Hinsicht als problematisch erachtet werden. Die Betreuung in öffentlichen Einrichtungen in einer Phase, in der eine grundlegende Bindung und weitreichende Prägung des Menschen stattfindet, vermindert naturgemäß den Einfluss der Eltern auf die geistige, emotionale und soziale Entwicklung ihrer Kinder. Infolgedessen wird die Familie in ihrer Rolle als Ort für prägende und bindende Beziehungserfahrungen zurückgedrängt. Damit wird die im Grundgesetz vorgesehene starke Stellung der Familie zugunsten öffentlicher Betreuungseinrichtungen geschwächt. Das kann natürlich beim Vorliegen von besonders problematischen Familienverhältnissen sinnvoll und angemessen sein. Als generelles Modell für alle Familien ist es unserer Ansicht nach jedoch in keiner Weise akzeptabel. Der damit verbundene wachsende Einfluss öffentlicher Einrichtungen auf das frühe Bindungs- und Prägungsgeschehen öffnet das Tor für zeitgeistbedingte politische und pädagogische Ideologien in Erziehung und Bildung in den ersten Lebensjahren der Kinder.

Ohne Rücksicht auf die Bedürfnisse der Kinder werden gewaltige Finanzmittel in den Ausbau von Krippen gesteckt und die Krippenerziehung als Nonplusultra moderner Familienpolitik dargestellt. Politiker schauen die Dinge eben oft aus der „Vogelperspektive" an. Deshalb kommen sie häufig zu völlig falschen Einschätzungen. Die Wirklichkeit sieht man nur, wenn man näher hinschaut. Dann zeigt sich beispielsweise für die Krippenbetreuung, dass der Betreuungsschlüssel in vielen Einrichtungen immer noch weit über dem Soll liegt.[32] Bei Krankheit und Urlaub verschärft sich die Situation nach Schilderung vieler Erzieherinnen und Erzieher dramatisch. Trotz dann praktizierter Mehrarbeit und dem Einsatz so genannter Springer lässt sich das nur bedingt kompensieren. Alles das erschwert eine stabile Bindungsentwicklung der betreuten Kinder.

Versuche, die personelle Situation durch Quereinsteiger mit stark verkürzter Ausbildung zu verbessern, können den Betreuungsschlüssel möglicherweise zwar etwas optimieren, führen aber nicht zwingend zur Qualitätssteigerung. Ohnehin gehen diese Bemühungen an dem eigentlichen Kernproblem vorbei, weil selbst bei ausreichender Verfügbarkeit von fachlich gut ausgebildetem Krippenpersonal oben beschriebene Grundproblematik der zu frühen Trennung von den Eltern nicht gelöst würde. „Die Qualität der Fremdbetreuung kann die Stressbelastung von Kindern unter zwei Jahren zwar hinauszögern, nicht jedoch normalisieren. Sie ist also kein ausreichender Schutzfaktor für Kleinstkinder."[33] Hinzu kommt, dass die Gruppensituation für unter Dreijährige oft überfordernd ist. Lärm, mangelnde Rückzugsmöglichkeiten, angestrengte oder überforderte Erzieher, Wechsel der Bezugspersonen, schwierige, aggressive Kinder sind zusätzliche Stressfaktoren. Kommen die Kinder nach Hause, zeigen sie nicht selten Auffälligkeiten wie anhaltendes Weinen, starke Unruhe oder Aggressivität. Sie treffen zuweilen auf Eltern, denen aufgrund ihrer Berufstätigkeit die innere Ruhe fehlt, in der verbleibenden knappen Zeit nach Feierabend auf die Bedürfnisse ihrer Kinder angemessen zu reagieren. Es fällt ihnen dann verständlicherweise manchmal schwer, mit der nötigen Ruhe, Umsicht, Klarheit und Konsequenz zu agieren.

Elternsein – eine wichtige und spannende Aufgabe

Fremdbetreuung, von Politik und Medien unisono als absolutes „Muss" propagiert, gehört heute fast zur selbstverständlichen Praxis frühkindlicher Erziehung. Was früher manchmal zu heftiger Kritik führte und Müttern, die ihr Kind schon unter drei Jahren in öffentliche Betreuung gaben, den wenig schmeichelhaften Titel *Rabenmütter* einbrachte, ist heute eine weithin übliche Praxis. Ca. 30–50 % der Kinder unter drei Jahren werden in Deutschland in öffentlichen Krippen betreut.[34] Als zentrale Argumente dienen vor allem die angebliche

Notwendigkeit früher Bildung und die Förderung von Gruppenfähigkeit.

Die Ideologen in allen gesellschaftlichen Gruppierungen haben ganze Arbeit geleistet, indem sie die berufliche Selbstverwirklichung zum höchsten Wert hochstilisiert und den Wert einer verantwortungsvollen Kinderbetreuung durch die Eltern als uninteressant und anspruchslos herabgewürdigt haben. Dass eine Frühbetreuung jedoch durchaus fragwürdig ist, wird in letzter Zeit, unserer Beobachtung nach, zunehmend mehr Eltern klar. Die Frage: Was verpasse ich, wenn ich mein Kind schon so früh fremdbetreuen lasse, stellen sich immer mehr Eltern. Diese Frage beantwortete ein neuseeländisches Ehepaar auf eine ungewöhnliche Weise. Seit fünf Jahren segelt es mit seinen beiden Kindern auf einem Segelboot durch die Meere und verbringt dabei täglich vierundzwanzig Stunden mit den Kindern. „Sie kannten andere Eltern … die arbeiteten beide. Hatten Häuser, gute Jobs. Die gaben ihre Kinder mit zwei, drei Jahren ab. Tagesbetreuung von morgens bis spät am Nachmittag. … Fünf Tage die Woche … Rare Jahre, kommen nie wieder …"[35]

„Die besonderen Stunden mit meiner Tochter kommen nie wieder." Das meinte auch die ehemalige Bundesfamilienministerin Kristina Schröder und beendete vor einigen Jahren vorläufig ihre politische Karriere. Damit widersprach zum ersten Mal eine Spitzenpolitikerin den Vereinbarkeitsaposteln in Politik und Wirtschaft und setzte ein wichtiges Signal gegen den allgemeinen Konsens der so genannten Vereinbarkeit von Beruf und Familie. Dass Frau Schröder damit das Risiko in Kauf nahm, wegen mangelnder politischer Korrektheit zukünftig nicht mehr dem Kreis der Aspiranten für politische Spitzenämter anzugehören, ist mutig. Es mehren sich jedoch die Stimmen, die die Frühbetreuung für einen gefährlichen Irrweg halten. Dies könnte sich zu einem Trend entwickeln.

Bislang gehen allerdings immer noch viele Mütter und Väter oft schon nach einem Jahr Elternzeit wieder in ihren Beruf zurück. Fragt man warum, hört man neben der Antwort „*Ich muss arbeiten, weil wir das Geld brauchen*" häufig: „*Das Kinderhüten gibt mir zu wenig Anregung*" oder „*Ich möchte in meinem Beruf Karriere machen.*" Auch viele Eltern, die nicht unbedingt auf ein zweites Familieneinkommen angewiesen sind, können oder wollen dem allgemeinen Konsens und Meinungsdruck nicht widerstehen. „Es gibt einen regelrechten äußeren Druck, das Kind weg zu organisieren … Die gesellschaftliche Paradelösung scheint zu heißen: Das Kind muss weg. Es muss möglichst früh in den Kindergarten, am besten in einen mit flexiblen – sprich mit langen – Öffnungszeiten. Und weil das oft nicht reicht, braucht es dazu noch Babysitting, Kindermädchen, Aupair."[36]

Eine Mutter, die sich trotz schwieriger materieller Verhältnisse gegen eine frühe Fremdbetreuung entschieden hat, äußert sich so: „*Es war sicherlich manchmal knapp mit dem Geld, aber es reichte gerade. Mir war es einfach wichtiger, in den ersten Jahren bei meinem Kind zu sein. Ich wollte mein Kind intensiv bei seinen ersten Schritten in die Welt begleiten. Ich habe es nicht bereut, auch wenn ich auf vieles verzichten musste, was meine Freundinnen hatten. Es war für mich und mein Kind eine wunderschöne Zeit, die ich nicht missen möchte! Sie hat die Verbindung zwischen mir und meinem Kind intensiviert und gefestigt.*" Ein Vater, der zunächst mit einiger Skepsis in die Elternzeit gegangen ist, berichtet voller Stolz: „*Ich hätte nicht gedacht, dass die Entwicklung meiner Tochter so spannend für mich sein könnte. Wie interessant sind die vielen kleinen Entwicklungsschritte. Von Woche zu Woche konnte ich erleben, wie mein Kind Fortschritte machte.*"

Eine Mutter, die die Möglichkeit hatte, ihr Kind in den ersten drei Lebensjahren vorwiegend zu Hause zu begleiten, schildert ihre Erfahrungen so: „*Ich bin froh, dass ich die Fortschritte meines Sohnes intensiv miterleben konnte: Das Laufen lernen, die Sprachentwicklung, die geistige Entwicklung, z. B. das Erkennen und Benennen von Gegenständen, Tieren, Pflanzen.*" Ein intensives Begleiten der enormen Entwicklungsschritte gerade in den ersten drei Jahren kann für Eltern eine beglückende Bereicherung des eigenen Lebens und eine fundamentale und prägende Erweiterung ihres eigenen Menschseins bieten. Dazu bedarf es allerdings viel Zeit und Muße. Interessant ist in diesem Zusammenhang, dass viele Eltern in der Zeit der Kita- und Schulschließungen anlässlich der Corona-Krise ihre Kinder ganz neu und intensiv kennenlernten und sich oft, sogar trotz besonderer Anstrengungen in dieser Situation, sehr positiv über diese gemeinsame Zeit äußern.

Im Gegensatz zur verbreiteten Sicht, dass die Betreuung von kleinen Kindern zu Hause zu anspruchslos und keiner finanziellen staatlichen Unterstützung würdig sei, wird beim genaueren Hinschauen deutlich, wie viele wichtige und spannende Dinge man als Mutter und Vater eines kleinen Kindes zu bedenken und zu organisieren hat, z. B. Fragen der Ernährung, der Gesundheitsfürsorge, der psychischen und geistigen Bedürfnisse, der Erziehung etc. Konkret bedeutet dies: Eltern müssen ständig für das Kind wichtige Entscheidungen treffen „Welche Nahrungsmittel muss mein Kind bekommen, damit es gesund aufwächst? Welche Impfungen soll mein Kind bekommen? Wie kann ich mein Kind fördern beim Laufen oder beim Sprechen lernen? Was braucht mein Kind an Zuwendung, um sich psychisch gesund zu entwickeln? Welchen Erziehungsstil praktiziere ich und warum? Welche Grenzen ziehe ich? Wo hole ich mir Rat, wenn ich unsicher bin? u. v. a. m."[37] Angesichts heutiger vielfältiger Gefährdungen für die physische und psychische Gesundheit der Kinder (Gewalt und Pornografie im Netz, Drogen, Alkohol etc.) ist eine intensive aufmerksame Begleitung durch die Eltern auch über die Grundschulzeit hinaus äußerst wichtig.

Die Bedürfnisse der Kinder zu kennen und dann das Förderliche zu tun, ist eine bedeutsame, anspruchsvolle und für Staat und Gesellschaft äußerst wichtige Aufgabe von Müttern und Vätern. Statt Eltern für diese Leistungen dankbar zu sein, war diese vielfältige und komplexe Aufgabe den politisch

Verantwortlichen in der Bundesregierung bei entsprechenden Diskussionen nur 150 Euro Betreuungsgeld wert. Dem gegenüber werden 25.000 Euro für die Einrichtung eines Krippenplatzes aufgewendet! Die Betriebskosten je Platz und Monat betragen etwa 1.100 Euro (Stand 2018).[38] Nach Einführung des Betreuungsgeldes 2013 wurde von den Befürwortern der frühen Fremdbetreuung in Medien und Politik eine massive Kampagne losgetreten und diese doch recht überschaubare Unterstützung von Eltern, die in den ersten drei Jahren gern bei ihren kleinen Kindern bleiben wollten, als zu teuer kritisiert. Darüber hinaus wurde sie als *Herdprämie, Schnapsgeld, Fernhalteprämie und Verdummungsprämie* diffamiert.

Schließlich hat die Hamburger Landesregierung gegen die Einführung des Betreuungsgeldes Verfassungsbeschwerde eingelegt, der 2015 vom Bundesverfassungsgericht aus formalen Gründen stattgegeben wurde.

Zahlreiche Eltern entscheiden sich für eine frühe Fremdbetreuung ganz offensichtlich gegen ihr eigenes Gefühl. Viele berichten nämlich, dass sie sich von ihrem Kind nur mit größter Überwindung trennen. Eine Mutter berichtet: *„Als ich meine Tochter weinen sah, wollte ich sie gleich wieder mitnehmen."* Eine andere sagt: *„In den ersten Tagen hatte ich beim Verlassen der Betreuungseinrichtung Tränen in den Augen."* Und eine dritte formuliert es noch drastischer: *„Ein „Mama!" schreiendes Kind, das seine Arme flehentlich zu dir hinstreckt und verzweifelt mit nassem Gesicht zuschaut, wie du dich umdrehst und gehst, das tut weh. Wie oft weine ich selbst, wenn ich die Kindergartentür hinter mir schließe."*[39] Und diese Eltern wissen vielleicht, dass, würden sie ihre Kinder befragen, die meisten wahrscheinlich nur eins wollten: Bei Mami oder Papi zu Hause bleiben und nicht morgens in aller Frühe aus dem Schlaf geholt, in Hektik angezogen und gewaschen werden, um anschließend eilig zu frühstücken und im Halbschlaf ins Auto zu steigen, in die Kita gefahren zu werden und dort mit anderen Erwachsenen und vielen Kindern den Tag zu verbringen. Die schwedische Pädagogin und achtfache Mutter Anna Wahlgren kritisiert massiv die frühkindliche Fremdbetreuung. Sie argumentiert aus der Perspektive der Kinder und weist zu Recht darauf hin: „Wenn du genau hinsiehst, als Mutter oder Vater, dann weißt du, … dass kein Kind im Alter von einem Jahr freiwillig seine Eltern und damit sein Zuhause fröhlich verabschiedet, um seinen Tag woanders zu verbringen. … Tagesstätten bedienen den Arbeitsmarkt, nicht die Kinder, zumindest kein Kind unter drei Jahren. Und das ist etwas, das die Eltern wissen, tief in ihrem Herzen. Aber sie werden indoktriniert, um das Gegenteil zu glauben."[40]

Die Gründe für den offensichtlichen Widerspruch zwischen den Gefühlen der Eltern und ihrem Handeln sind sicherlich vielschichtig: So weist die Biologin Dagmar Neubronner darauf hin, dass die Leistung der Mütter, die ihre Kinder zu Hause betreuen, gesellschaftlich nicht nur nicht anerkannt, sondern sogar geächtet wird, indem man sie als rückständige „Dummerchen", „Heimchen am Herd", … „Glucken", Milchkühe, Latte-Macchiato-Mütter, die den ganzen Tag in der sozialen Hängematte liegen und am Schaumlöffel lutschen"[41] diffamiert. Dass dies ein Vorurteil sein könnte, kommt vielen Menschen gar nicht in den Sinn. Was für eine anspruchsvolle und selbstbestimmte Aufgabe die Erziehung der eigenen Kinder sein kann, sei an einem Beispiel einer uns bekannten Mutter dargestellt, die ihre Kinder in den ersten Jahren zu Hause betreute. Diese Mutter war intelligent und engagiert, aber keine professionelle Pädagogin. Sie nahm ihre Aufgabe als Mutter genauso ernst wie andere ihren Beruf. Sie war gewissermaßen eine professionelle Mutter, die ihren Kindern täglich vorlas, teilweise auch Texte in verschiedenen Sprachen, mit ihnen regelmäßig sang und musizierte, sich um zusätzliche Förderung in unterschiedlichen sportlichen und künstlerischen Bereichen kümmerte, sich im Interesse ihrer Kinder intensiv mit Ernährungsfragen und alternativer Medizin beschäftigte und dies entsprechend umsetzte und sich schließlich in pädagogische Literatur vertiefte, um auf diesem Wege eine Entscheidungsgrundlage für den schulischen Werdegang ihrer Kinder zu bekommen. Später organisierte sie Auslandsaufenthalte für ihre Kinder, damit sie ihre Sprachkenntnisse vertiefen und ihren kulturellen Horizont erweitern konnten. An dem Beispiel dieser Frau wird noch einmal deutlich, wie anspruchsvoll, vielseitig und spannend die Erziehung der eigenen Kinder sein kann. Von drohender Verdummung der Mütter oder auch Väter, die ihre Kinder zu Hause betreuen, kann demnach wohl kaum die Rede sein. Das Narrativ von der angeblich langweiligen und anspruchslosen Aufgabe der Kindererziehung ist lediglich das Resultat einer einseitigen politisch-ökonomisch motivierten Propaganda.

Viele Eltern haben zweifellos ebenfalls besondere und vielfältige Fähigkeiten und Interessen, die sie zum Wohle ihrer Kinder einsetzen können und bräuchten keine externe Kinderbetreuung. Sie sollten deshalb in dieser Hinsicht mehr Selbstbewusstsein entwickeln und sich nicht von denjenigen verunsichern lassen, die meinen, kompetente Förderung kleiner Kinder sei nur in öffentlichen Betreuungseinrichtungen möglich. Angesichts der aktuellen oft mangelnden Versorgung der Krippen und Kitas mit pädagogischen Fachkräften und der beabsichtigten Behebung des Mangels durch den Einsatz unzureichend ausgebildeten Personals ist das oft vorgebrachte Argument, dass eine fachlich besonders qualifizierte Betreuung nur in öffentlichen Betreuungseinrichtungen möglich sei, ohnehin nicht gerade überzeugend.

Aufgrund der geschilderten Risiken einer verfrühten Fremdbetreuung wäre ein Umsteuern der Familienpolitik in Deutschland dringend erforderlich. Ziel sollte dabei sein, die finanzielle Grundlage für eine echte Wahlfreiheit zwischen Betreuung der Kinder durch ihre Eltern und der Fremdbetreuung in Krippen zu schaffen. Mit der Aussicht auf ein angemessenes Erziehungsgehalt würden sich sicher viele Eltern, die auf ein zweites

Familieneinkommen angewiesen sind, für die Betreuung ihrer eigenen Kinder entscheiden. Auf diese Weise würde die familiäre Betreuung zudem im allgemeinen Bewusstsein aufgewertet. Dann würde hoffentlich endlich mehr erkannt werden, wie wichtig, wertvoll, vielfältig und anspruchsvoll die Betreuung kleiner Kinder durch die Eltern für die Gesellschaft ist. Kinder auf ihrem Lebensweg in den ersten Jahren intensiv zu begleiten, ist eine Aufgabe, für die es sich lohnt, sich mit ganzer Kraft einzusetzen, auch wenn das bedeutet, zeitweilig dafür andere wichtige Lebensziele zurückzustellen. Viele Eltern, die sich eine Zeitlang ganz der Betreuung ihrer Kinder widmen konnten, berichten, dass gerade diese Jahre zu den schönsten und reichsten in ihrem Leben zählten.

Die erweiterte Familie – Ort der Geborgenheit und Zugehörigkeit

Im Laufe des ersten und zweiten Lebensjahres entwickeln die Kinder auch Bindungen zu den übrigen Familienmitgliedern wie Geschwistern, Großeltern, Onkeln, Tanten etc. Die Beziehungen bauen auf den Bindungserfahrungen mit den Eltern auf. Diese sekundären Bindungen geben den Kindern eine weitere Ebene der Geborgenheit und Zugehörigkeit, die sie brauchen, um ihre Umwelt weiterhin als sicheres Terrain zu erleben, in dem sie sich gefahrlos bewegen können. Vor allem Großeltern können hier eine wichtige Rolle übernehmen. Als Eltern der Eltern können sie mit ihren Erfahrungen eine Hilfe und Stütze und durch die doppelte Bindung zu den Eltern der Kinder und zu ihren Enkelkindern ein wichtiger Verstärker der familiären Bindungskräfte sein. Enkelkinder können von den Großeltern profitieren. Die in der Regel nicht so stark zeitlich und inhaltlich beanspruchten Großeltern sind häufig besser in der Lage, mit Geduld Dinge zu tun, für die Eltern im Alltag oft keine Zeit haben: vorlesen, singen, backen, basteln, zuhören u. v. a. m

Die Grundlage für dieses familiäre Miteinander von Eltern und Großeltern erfordert jedoch auf beiden Seiten ein gewisses Maß an Toleranz und gegenseitigem Respekt.

Wünschenswert ist es, dass man hinsichtlich der zentralen Grundsätze des erzieherischen Umgangs zum Wohle des Kindes in ähnlicher Weise handelt. Dabei sollten die Großeltern beachten, dass die Erziehungsvorstellungen der Eltern Priorität haben. Sie sind in erster Linie für die Erziehung ihrer Kinder zuständig und verantwortlich. Die Rolle der Großeltern liegt somit lediglich in der gelegentlichen Unterstützung ihrer Kinder bei der Betreuung ihrer Enkel, nicht jedoch in der Bewältigung des Alltagsgeschehens in der Familie, von Notfällen einmal abgesehen. Ein an wirtschaftlichen Interessen ausgerichteter gesellschaftlicher Konsens, der die Großeltern als billige Arbeitskräfte fest einplant, ist nicht akzeptabel. Großeltern sollten sich keinesfalls zur Stabilisierung einer ökonomisch orientierten Familienpolitik einspannen lassen.

Erst Bindung, dann Bildung

Das Bundesministerium für Bildung und Forschung reiht sich in den breiten gesellschaftlichen Konsens ein und hält die frühkindliche „… Förderung (für, d. Verf.) grundlegend für den weiteren Bildungserfolg". Jedoch muss die hier zugrunde gelegte inhaltliche Ausrichtung für die ersten drei Lebensjahre kritisch hinterfragt werden. Die vom Bundesministerium für Bildung und Forschung propagierte „frühe Leseförderung der Kinder in den ersten drei Lebensjahren"[42] zeigt beispielsweise einen aus unserer Sicht verfehlten Bildungsansatz. In den verschiedenen Bundesländern gibt es seit einiger Zeit Orientierungspläne für Bildung und Erziehung für die Arbeit mit

Kindern zwischen null und sechs Jahren. Dort werden Ziele für diese Altersgruppe formuliert, die sogar für Grundschüler ungeeignet sind. In einer Handreichung für die Bildungsarbeit des Saarlandes beispielsweise mit Krippen- und Kita-Kindern heißt es unter anderem: „Mit Brüchen und Widersprüchen leben; Grenzsituationen und Übergänge bewältigen … die eigene Biografie, Familiengeschichte, Familiensprache, Familientradition wahrnehmen … Den Inhalt von Erzählungen, Märchen und Gedichten erschließen oder … sich Fertigkeiten im Umgang mit elektronischen Medien aneignen … den Unterschied zwischen eigenem Erleben und Medienprodukten erkennen … Kritik äußern und annehmen … Erkennen, dass die eigenen Grundrechte nur gelten, wenn andere dieselben Rechte haben … Einsichten in ökologische Zusammenhänge gewinnen …"[43]

Angesichts der Tatsache, dass es hier auch um Kinder unter drei Jahren geht, teilweise sind sie sogar nicht einmal ein Jahr alt, erscheint dieser Ansatz frühkindlicher Bildung mehr als fragwürdig.

Was wirklich in diesem Alter zwischen null und drei Jahren dran ist, weiß jede Mutter und jeder Vater: wachsen, krabbeln, laufen und sprechen lernen. Das ist das ganze Bildungsprogramm für Kleinkinder. Mehr „Bildung" brauchen sie im ersten Lebensjahr nicht und können sie von ihrem kognitiven Entwicklungsstand her auch gar nicht bewältigen. Laut Piaget, dessen grundlegende Erkenntnisse von der geistigen Entwicklung des Kindes von der aktuellen Forschung trotz einiger Differenzierungen immer noch als zentraler Bezugspunkt gelten können, besitzt ein Kind im Alter von null bis drei für gezielte Bildungsmaßnahmen nicht den dafür nötigen kognitiven Entwicklungsstand, der symbolisches Denken ermöglicht.[44] Unterstützt wird diese Erkenntnis durch neuere Ergebnisse der Hirnforschung, wonach Kinder in dem genannten Alter gehirnphysiologisch für kognitiv orientierte Bildung nicht bereit sind.

Vor dem Hintergrund vielfacher wissenschaftlicher Erkenntnisse und eigener langjähriger Erfahrungen mit Bildung und Erziehung von Kindern stellt die Kinder- und Jugendpsychotherapeutin Eva Rass die überragende Bedeutung der emotionalen Entwicklung bei Kindern dieser Altersstufe heraus: Kinder im Alter von null bis sechs Jahren brauchen nicht in erster Linie kognitive Bildung. Sie beruft sich mit dieser Aussage auf zahlreiche Studien, die belegen, dass es bei Kindern in den ersten drei Jahren in erster Linie um emotionale Bildung und Prägung geht. Dabei lernen Kinder, die eigenen Emotionen Schritt für Schritt mit intensiver Begleitung enger Bezugspersonen mittels hirnphysiologischer Prägung zu regulieren. Die Fähigkeit zur Regulierung der eigenen Gefühle ist eine Voraussetzung für psychische Gesundheit.[45]

Und wie ist das Argument zu beurteilen, Kinder unter drei Jahren müssten bezüglich der Gruppenfähigkeit gefördert werden?

Kinder im Krippenalter profitieren entgegen der in der aktuellen Debatte oft vertretenen Meinung nicht von der Gruppensituation in Krippen. Das belegen wissenschaftliche Erkenntnisse und Erfahrungen von Erziehern und Sozialpädagogen. Danach spielen Ein- und Zweijährige nicht zusammen, sondern jeder spielt für sich. Intensivere Kontakte ergeben sich meist nur beim Streit um das Spielzeug. Auch bei Dreijährigen ist der Bezug zu einer Gruppe noch sehr begrenzt. Überwiegend wird allenfalls kurze Zeit miteinander gespielt, meist auch nur mit einem Partner. Erst ab vier Jahren kann sich das Kind zeitweise mehreren Kindern gleichzeitig zuwenden, erste Freundschaften werden angebahnt und das Gruppenleben wird wichtiger. Allerdings neigen die Kinder in diesem Alter immer noch mehr zum individuellen Spiel. Erst im Alter von fünf bis sechs Jahren profitieren sie wirklich von einer Gruppensituation, indem sie Freude am Umgang mit Gleichaltrigen entwickeln und intensivere Freundschaften schließen.[46]

„Das kleine Dorf" – Nachbarn, Freunde, Tiere

Ein altes afrikanisches Sprichwort besagt: Um ein Kind zu erziehen, braucht es ein ganzes Dorf. Die meisten Kinder in Deutschland wachsen allerdings heute nicht in einer dorfähnlichen Gemeinschaft auf. Die Wohnumgebung vieler Kinder ist heute gekennzeichnet durch komplexere und oft kaum überschaubare Strukturen. Das kann dazu führen, dass eine sichere Orientierung schwieriger wird. In einer teilweise anonymer werdenden Wohnumgebung kann das dazu beitragen, dass die Kinder sich nicht mehr so geborgen und sicher aufgehoben fühlen. Umso wichtiger erscheint es uns, die Bindung zu Nachbarn und Freunden zu fördern.

Wer viel mit Kindern zusammen ist, kann beobachten, mit welchem großen Interesse sie auch den Kontakt zu Tieren suchen. Dieser spontane Zugang zu lebenden Wesen sollte in der Erziehung unbedingt mehr genutzt werden. Von herausragender Bedeutung für Bindungsprozesse ist die Entwicklung der Empathiefähigkeit. Diese emotionale Kompetenz, sich in andere Lebewesen hinein zu fühlen, kann man bei Kindern besonders gut durch Kontakte zu Tieren fördern.

Kaum hat das Kind ein Tier entdeckt, geht oder läuft es meist freudig auf das Tier zu und versucht es anzufassen und zu streicheln. Tiere faszinieren Kinder.[47] Sie repräsentieren für sie die lebendige Natur, ja das Leben schlechthin. Dieser unmittelbare und begeisterte Zugang der allermeisten Kinder zu Tieren und die spontane Liebe zur Kreatur werden in einer immer stärker technisch orientierten Welt unserer Ansicht nach zu wenig gefördert. Zwar kommen in der therapeutischen Arbeit mit Kindern immer häufiger Tiere zum Einsatz, um psychische oder auch physische Probleme zu behandeln, wie bei der Hippotherapie für motorisch oder psychisch beeinträchtigte Kinder oder wie beim Einsatz von Delfinen bei körperlich und geistig schwerst-behinderten Kindern. Auch Hunde werden zunehmend in therapeutischen Zusammenhängen eingesetzt.

Die schönste und nachhaltigste Bindung zu Tieren entsteht ohne Zweifel für Kinder durch den Besitz eines eigenen Haustieres. In vielen Familien mit Kindern und in den allermeisten Kindergärten, Vorschulen und Schulen gibt es jedoch kaum regelmäßigen Kontakt zu Tieren. Die Ursachen sind vielfältig. Neben der Wohnsituation spielt auch die zunehmende Verbreitung von Tierhaarallergien eine gewichtige Rolle.

Leider bleibt auf diese Weise das enorme Potential des frühen und intensiven Umgangs mit Tieren als Basis für eine emotional begründete ökologische Erziehung und Bildung weitgehend ungenutzt. Nur durch die Liebe zur Kreatur und zur Natur insgesamt nämlich kann sich ein wirklich emotional motiviertes Engagement für den Naturschutz und für die Erhaltung der natürlichen Lebensgrundlagen bei jungen Menschen auf der Basis emotionaler Verbundenheit entwickeln. Wie sich das Fehlen dieser Verbundenheit konkret auswirkt, zeigt eine aktuelle Studie des Umweltbundesamts, die im Januar 2018 veröffentlicht wurde. Demnach zeigen Jugendliche ein hohes Problembewusstsein. 80 % der Befragten machen sich Sorgen um die natürliche Mitwelt. Doch wenn es um das eigene Verhalten geht, dann will kaum jemand zugunsten der Natur auf seinen gewohnten Lifestyle verzichten. Das belegt deutlich, dass gutgemeinte Appelle und Unterrichtseinheiten in der Schule, die Umweltschutz nur kognitiv thematisieren, allein nicht zu einer Verhaltensänderung in Richtung einer nachhaltigen Lebensführung bei jungen Menschen führen. Hier helfen nur enge Beziehungen und Bindungen zur Natur von früher Kindheit an.

Ein Leben ohne Tiere nimmt Kindern wichtige und wertvolle Entwicklungspotentiale. Deshalb sollten Schulen, vor allem Grundschulen und Kindergärten, entsprechend ihren speziellen Möglichkeiten den direkten und intensiven Kontakt zu Tieren ermöglichen. Über den Wert derartiger Erfahrungen berichtet eine Pädagogin, die als Kind davon profitiert hat: „Meine Kindheit wurde durch engen Kontakt zu vielen Tieren bereichert: Katzen, Meerschweinchen, Hasen, Vögel und Hund. Sie alle waren wichtige Partner für mich, denn sie förderten mich durch die Übernahme von Verantwortung, sie stärkten mich mit ihrer Zuneigung und sie waren mir damals oft ein Seelentröster."[48]

Die natürliche Umgebung – was Kinder lieben

Die Begegnung mit der natürlichen Umgebung spielt eine wichtige Rolle bei der Entwicklung der Kinder: Neben Tieren auch Pflanzen und die Elemente Erde, Wasser, Luft und Feuer. Diese natürliche Umgebung wollen Kinder entdecken und sich mit ihr anfreunden. Sie nehmen zu diesen Lebewesen oder Naturelementen eine ganz spontane Verbindung auf. So wird jeder, der kleine Kinder kennt, wissen, wie gern sie am Strand stundenlang mit Sand und Wasser spielen, buddeln, experimentieren. Kinder im Vorschul- und Grundschulalter sind absolut glücklich, wenn sie den ganzen Tag mit diesen Elementen der Natur frei umgehen können. Dazu braucht man keine exotischen Reiseziele, und man muss auch nicht den radikalen Weg einer Familie wählen, die aus Sorge vor der zunehmenden Entfremdung ihrer Kinder und ihrer selbst von der Natur durch permanentes Sitzen vor den Bildschirmen und aus Frust vor dem teilweise extremen Stress bei der Arbeit in den südschwedischen Wald zog.[49]

Intensive Naturerfahrungen können Kinder beispielsweise auch in so genannten Waldkindergärten machen, die sich bei vielen Eltern und Kindern einer großen Beliebtheit erfreuen.

Besonders naturnahe Urlaube mit Kindern im Vor- und Grundschulalter können zum Beispiel die Nordseeinseln und Halligen bieten. Hier gibt es alles, was Kinder in diesem Alter lieben. Frische Luft, viel Platz, Tiere, Wasser und Strand. Die Wirkungen der Gezeiten sind besonders gut auf den Halligen zu beobachten. Ein Landunter auf einer kleinen Hallig zu erleben, ist besonders für Kinder ein unvergessliches Erlebnis. Auch für Klassenfahrten in der Grundschule bieten die Halligen vielfältige Möglichkeiten zur unterrichtlichen Begegnung mit der Natur. Das Erleben der vielfältigen Vogelwelt oder der Tiere im Watt bietet Kindern unschätzbare Erfahrungen im Umgang mit der Natur, deren nachhaltige Wirkungen auf ihre emotionale Verbindung mit diesen natürlichen Lebensräumen nicht hoch genug einzuschätzen sind. Durch die ungestörten und intensiven Naturerlebnisse können bei den Kindern tiefe Verbindungen und ein Gefühl von Eingebundensein in ihre natürliche Umwelt entstehen. Darüber hinaus können derartige intensive Begegnungen mit der Natur eine positive Beziehung zum Leben und die Erfahrung von Geborgenheit und Sinnhaftigkeit vermitteln. *Das Leben ist schön*, diese Botschaft brauchen Kinder, um eine tragfähige Basis für ihr weiteres Leben zu entwickeln.

Ein Lehrer einer Grundschulklasse berichtet über seine Erfahrungen: *„Als Leiter einer solchen Klassenfahrt habe ich die vielfältigen Begegnungen meiner Schüler mit der Halligwelt und deren Begeisterung für die Natur der Inselwelt noch gut in Erinnerung. Die Schüler haben danach noch monatelang darüber geredet. Ich bin sicher, sie werden diesen Aufenthalt auf der Hallig nicht vergessen."* Gibt es eine bessere Grundlage für ein lebenslanges Engagement für den Schutz dieser Natur? Auch Fahrten zu Bauernhöfen sind für Kinder im Grundschulalter ausgesprochen ertragreich. Eine Lehrerin schildert ihre Erlebnisse: *„Ich habe auf der Klassenreise zu einem Bauernhof beobachten können, welche vielfältigen Erlebnisse und Erfahrungen die Kinder dort machen können. Neben dem täglichen Umgang mit Pferden, der sowohl das Reiten als auch die Pflege der Pferde beinhaltete, hatten die Kinder zahlreiche Begegnungen mit anderen Tieren des Bauernhofs. Eine besondere Attraktion waren die Ziegen des Hofes. Im Rahmen kleiner Dienste (Äpfel sammeln, Tiere füttern, Tischdienst etc.) mussten die hofeigenen Ziegen frühmorgens aus dem Stall gelassen und abends dorthin* *zurückgebracht werden. Diese Aktion war jedes Mal ein herrliches Spektakel. Da die Ziegen gewöhnt waren, bei dieser Aktion ihr Futter zu erhalten, rannten sie mit Höchstgeschwindigkeit zu den für sie vorbereiteten Futterkrippen. Das sah total lustig aus, und die Kinder konnten sich an diesem Schauspiel nicht sattsehen und waren jedes Mal voller Vorfreude, wenn die Zeit der Ziegenfütterung nahte."* Solche kleinen, aber für die emotionale Bindung zu Tieren höchst bedeutsamen Erlebnisse machen eine Klassenfahrt zu einem Bauernhof zu einer pädagogisch wertvollen Reise und zu einem wichtigen Baustein zur Stärkung der Bindung zur natürlichen Umwelt.

Reisen in Wellnessoasen mit Kinderanimation oder zu Zielen mit überwiegend künstlicher Umwelt können nicht zu so einer intensiven Verbundenheit mit der natürlichen Welt beitragen. Im privaten und schulischen Rahmen wäre es unserer Meinung nach deshalb sehr wichtig, gerade angesichts der zunehmenden Präsenz digitaler Medien vielfältige Gelegenheiten für die Begegnung mit der natürlichen Umgebung zu schaffen. Das gilt gleichermaßen für den Freizeitbereich wie für Kita und Schule.[50]

Bedeutsame Inhalte statt kompetenzorientierter „Häppchenpädagogik"

Neben der familiären Sphäre und der Wohnumwelt ist auch die Schule ein prägender Ort für die Kinder, an dem sie ab dem 6. Lebensjahr viel Zeit verbringen. Auch hier sollte das Grundbedürfnis nach Bindung Berücksichtigung finden. Zunächst ist es wichtig, dass die Schüler sich mit den Lerninhalten intensiv verbinden können. Dazu ist es notwendig, dass sie in Muße und mit Begeisterung lernen können. Leider findet das im durchgetakteten und unruhigen Schulalltag gegenwärtig kaum statt. Die Schüler werden überwiegend mit ständig wechselnden Inhalten häppchenweise konfrontiert. Die teilweise beliebig anmutenden Inhalte werden überdies mit Methoden bearbeitet, die häufig einer intensiven Verbindung mit den Inhalten entgegenstehen. Wenn es vorwiegend um das Ankreuzen, Einsetzen von Wörtern in Texte, Unterstreichen und Ergänzen von Textbausteinen auf einer Flut von häufig zusammenhanglosen Arbeitsblättern geht, statt um einen Unterricht mit bedeutenden umfangreicheren Texten, in die sich Kinder in Ruhe vertiefen können, kann eine Bindung an Lerninhalte nicht gelingen. Auch die aktuell übliche Orientierung an inhaltsarmen und leicht überprüfbaren Kompetenzen statt an bedeutsamen und für Schüler interessanten Inhalten ist nicht geeignet, eine nachhaltige Verbindung zu bewirken. Der Bildungsexperte Konrad Paul Liessmann macht das an dem Beispiel des modernen Leseunterrichts in den Schulen deutlich: „Wer ein aktuelles Lesebuch zur Hand nimmt, wird erstaunt sein über die ohnehin schon knappen Texte, die nach wenigen Absätzen schon durch Arbeitsaufträge, Kontrollfragen und Übungen unterbrochen sind. Wie soll ein Kind, ein junger Mensch unter diesen Bedingungen Lust am Lesen entwickeln, wie soll er lernen, sich der Dynamik des Lesens zu überlassen, in einen Text zu versinken, in den Sog des Geschriebenen zu geraten, wenn er alle paar Minuten über das Gelesene Rechenschaft ablegen, sich nach jedem Absatz überprüfen lassen muss?"[51]

Auch die literarische Bildung sollte vom ersten Schultag an erfolgen, durch Märchen und Sagen, Gedichte, Geschichten, Theaterstücke u.a.m. Wichtig ist dabei eine qualitativ anspruchsvolle Auswahl der Texte. In diesem Zusammenhang ist es aus unserer Sicht unverzichtbar, in der Schulpädagogik wieder verstärkt eine inhaltliche Debatte zu führen, statt wie aktuell meist üblich den Fokus überwiegend auf methodische Fragen zu richten. Der Bildungsforscher Liessmann konstatiert deshalb, „… dass die Frage nach dem, was ein Heranwachsender nicht nur können, sondern tatsächlich wissen sollte, aus den bildungspolitischen Debatten fast völlig ausgeklammert wird. Denn hier, und das trifft vor allem die Sekundarstufe, müsste es um Inhalte, um verbindliche Kenntnisse in natur- und humanwissenschaftlichen Bereichen – um die Bekanntschaft mit kanonischen Werken der Literatur und Kunst, um grundlegende Einsichten in die Geschichte und Politik und deren Zusammenhänge – gehen."[52] Man muss sicherlich nicht alles im Detail wissen, was der Bildungsforscher Dietrich Schwanitz in seinem Werk „Bildung. Alles, was man wissen muss" an bedeutsamen Bildungsinhalten vorstellt. Aber ein Überblick über die wichtigsten geistigen, kulturellen und politisch gesellschaftlichen Entwicklungen der europäischen Geschichte, von der Antike über das Mittelalter und die Renaissance bis zur Aufklärung und zur Neuzeit, ist ein wichtiges Rüstzeug zur Orientierung und zum Verständnis der Gegenwart und ihrer Chancen und Risiken.[53]

Was Liessmann und Schwanitz hier für den Bereich der Sekundarstufe ausführen, gilt grundsätzlich auch für die Grundschule. Statt den Schülern zu ermöglichen, sich mit spannenden, interessanten und pädagogisch ertragreichen Inhalten in Märchen, Geschichten und anderen Texten intensiv zu beschäftigen und in fremde Welten einzutauchen, geht es im Unterricht leider zu oft nur um den Erwerb von ähnlich lautenden Kompetenzen wie *Wahrnehmen* und *Verstehen*, *Analysieren* und *Reflektieren*, *Argumentieren* und *Urteilen*, sich *Orientieren* und *Handeln*. Die Problematik dieses unterrichtlichen Umgangs mit geistigen Inhalten liegt darin, dass es nicht primär um eine substanzielle und innere Beschäftigung mit den dargebotenen Inhalten geht, sondern um den Erwerb von verwertbaren und in Tests abprüfbaren Kompetenzen. Ein solcher Umgang mit geistigen Inhalten nimmt jungen Menschen die Möglichkeit, bedeutsame Inhalte verstehend zu erschließen, sich mit ihnen innerlich zu verbinden oder, wie der Philosoph Hegel es einmal sagte, an der darin enthaltenen geistigen und seelischen „Nahrung" innerlich zu wachsen. „Der menschliche Geist entwickelt sich nicht in der Auseinandersetzung mit beliebigen Inhalten", sondern „nur der geistige Inhalt, welcher Wert und Interesse in und für sich selbst hat, stärkt die Seele und verschafft diesen unabhängigen Halt, diese substanzielle Innerlichkeit, welche die Mutter von Fassung, von Besonnenheit, von Gegenwart und Wachen des Geistes ist."[54] Deshalb bedarf es unserer Meinung nach dringend einer grundsätzlichen Abkehr von kompetenzorientierter hin zu inhaltlicher Bildung. Junge Menschen sollten nicht mit inhaltsleeren Versatzstücken beschäftigt werden, sondern die Möglichkeit haben, sich selbstständig und intensiv mit wichtigen Inhalten auseinanderzusetzen und zu verbinden. „In dem Maße, in dem Kompetenzen als formale Fertigkeiten verstanden werden, die an beliebigen Inhalten erworben werden können, konterkariert man die Idee jedes durch Neugier motivierten Erkenntnis- und Bildungsprozesses ... Genau um diese Faszination, die von einer Sache, einem Thema, einem Gegenstand, einem Namen, einem Buchtitel, einer Frage ausgehen kann, werden kompetenzorientiert unterwiesene Kinder und Jugendliche gebracht; sie werden damit um die Chance betrogen, überhaupt ein substanzielles Interesse an der Welt und an sich selbst entwickeln zu können."[55] Nur mit dieser Chance aber können die Kinder wirklich im Sinne Humboldts ihre eigene „Idee des Menschseins" verwirklichen und zum Wohle der Mitwelt einsetzen.

Der Lehrer als Moderator – eine fatale Entwicklung für den Lernerfolg

Der Lehrer soll Lernberater, Lernbegleiter, Moderator sein: So lautet das aktuelle Credo, wenn es um die Rolle des Lehrers im schulischen Lernprozess geht. John Hattie hat mit seiner groß angelegten Metastudie „Visible Learning", in der 800 Einzelstudien mit dem Ziel, eine Rangliste von verschiedenen

Einflussfaktoren auf den Lernerfolg zu erstellen, gezeigt, dass diese Auffassung der Lehrerrolle fragwürdig ist.[56] Die Ergebnisse seiner Analysen machen deutlich, dass nicht die tollsten Medien oder die raffiniertesten Unterrichtsmethoden die unmittelbare Beziehung zu einem Menschen hinsichtlich des Lernerfolges ersetzen können. In seiner Rangliste von 138 Einflussfaktoren auf den Lernerfolg rangieren Faktoren, die sich auf die Lehrperson beziehen, wie Lehrerverhaltenstraining (Micro-Teaching) auf Platz 4, Klarheit der Lehrperson auf Platz 8, Lehrer-Schüler-Beziehung auf Platz 10.

Dagegen erwiesen sich die heute so häufig propagierten und favorisierten offenen Lernformen vor allem in der Grundschule, bei der Kinder ein Arbeitsblatt nach dem anderen weitgehend selbstständig bearbeiten müssen, in der Studie als nicht besonders effektiv für den Lernerfolg. So rangierte Freiarbeit auf Platz 131 und offene Lernformen auf Platz 132.[57]

Am Beispiel des Vorlesens eines für Kinder interessanten Textes durch einen vertrauten Erwachsenen, wie Eltern, Erzieher oder Lehrer, kann man die intensive Verbundenheit der Kinder mit dem Erwachsenen und mit dem Lernstoff beobachten. Teilweise mit offenem Mund und großen Augen sitzen selbst sonst unruhige Kinder gebannt da und lauschen oft über längere Zeit ohne Ermüdungserscheinungen der Stimme des Erwachsenen, der sie durch den jeweiligen Text führt. Dieses gemeinsame Eintauchen von Erwachsenen und Kindern in eine Welt der Geschichten schafft eine Atmosphäre der Verbundenheit, die durch kaum eine andere Aktivität zu übertreffen ist. Überdies ist das intensive Zuhören besonders für Kinder im Vor- und Grundschulalter eine wichtige Übung zur Entwicklung von Konzentrationsvermögen. Dies ist angesichts der extremen Ablenkungsmaschinerie der elektronischen Medien wichtiger denn je. Die sich hierin manifestierende Bedeutung der intensiven Bindung an den Erwachsenen für das Lernen wird in der heutigen Pädagogik eklatant unterschätzt. Nur eine Person kann für das Lernen so essenzielle Grundhaltungen wie Neugier und Begeisterung repräsentieren. An ihr können Schüler sich orientieren und die genannten Grundhaltungen entwickeln. In dieser Hinsicht ist die Person der Lehrerin oder des Lehrers unverzichtbar. Digitale Medien können sicherlich eine ergänzende Funktion im Unterricht vor allem bei älteren Schülern haben, den Lehrer ersetzen können sie jedoch nicht. Menschen lernen vor allem über Beziehungen zu anderen Menschen. Die Wichtigkeit der Präsenz der Lehrperson für das Lernen haben viele Schüler während der Corona-Krise erfahren. Das selbstständige Lernen mittels digitaler Medien zu Hause wurde von vielen Schülern als weniger effektiv bewertet als der Unterricht in der Schule. Diese Einschätzung wird unterstützt durch Hatties Rangliste. Danach rangiert die Computerunterstützung des Lernens nur auf Platz 70, das webbasierte Lernen gar auf Platz 111.[58] Vor diesem Hintergrund ist die aktuell oft favorisierte Rolle des Lehrers als Lernbegleiter und Moderator pädagogisch nicht zielführend, vor allem in den ersten Schuljahren.

Auch die oft geäußerte pauschale Kritik am so genannten Frontalunterricht (Direkte Instruktion) ist in keiner Weise gerechtfertigt und zeugt von unreflektierter, uninformierter und teilweise ideologischer Herangehensweise an pädagogische Fragen. Auf Hatties Rangliste rangiert die Direkte Instruktion immerhin auf Platz 26, also weit über dem Durchschnitt. Die so oft propagierten und als pädagogische Zaubermittel gehypten Methoden wie „Forschendes Lernen" und „Individualisierung" liegen dagegen abgeschlagen auf Platz 85 und 99. Hier offenbaren sich die oft oberflächliche Sichtweise aktueller pädagogisch-didaktischer Ansätze und ein Mangel, die zentrale Rolle der Beziehung zwischen Lehrenden und Lernenden angemessen zu berücksichtigen. Es wäre deshalb wichtig, diesbezüglich zentrale Ergebnisse neuerer Forschungen in diesem Bereich zur Kenntnis zu nehmen und diese in pädagogische Praxis umzusetzen.

Kinder wollen sich frei entwickeln

Autonomie und Bindung im Gleichgewicht

Es gibt immer wieder zeitgeistorientierte Modewellen in der Erziehung. Sie sind oft geprägt von teilweise einseitigen oder gar extremen Positionen. Die autonomiebezogenen Aspekte der Erziehung standen beispielsweise in dem antiautoritären Internat „Summerhill" in den 60er-Jahren oder in der Kinderladenbewegung der 70er-Jahre des 20. Jahrhunderts im Vordergrund der Erziehungspraxis. Das führte oft zu einer Überforderung und Verunsicherung der Kinder durch den Mangel an notwendiger Orientierung.

Demgegenüber wurde die einseitig bindungsorientierte Position Mitte der 80er Jahre von dem Kinderarzt William Sears und seiner Frau Martha entwickelt. Diese Konzeption der so genannten Bindungsorientierten Erziehung (BE), die sich auf die Bindungstheorie von Ainsworth und auf die Erziehungsideen von Benjamin Spock bezog, kann die notwendige Autonomieentwicklung des Kindes dagegen behindern. Diese aktuell wieder von manchen Eltern praktizierte Lehre empfiehlt eine teilweise extreme und nahezu symbiotische Erziehungspraxis in den ersten Jahren der Kindheit. Das Credo der BE lässt sich wie folgt zusammenfassen: So viel Bindung und Nähe wie möglich. So wird den Eltern geraten, das Kleinstkind ständig mit sich herumzutragen, nach dem Bedürfnis des Säuglings jederzeit zu stillen, mit dem Kind gemeinsam in einem Bett zu schlafen, jedem Schreien durch ständige Beachtung der Signale des Kindes zuvorzukommen, kein Schlaftraining durchzuführen, also keine Regelhaftigkeit zu installieren u.a.m. Diese einseitig bindungsorientierte Position ist von vielen Autoren zu Recht kritisiert worden, weil sie das Grundbedürfnis nach Bindung zu stark betont, das Bedürfnis des Kindes nach Autonomie jedoch fast völlig außer Acht lässt. Die Folgen einer derart beinahe symbiotischen Erziehungspraxis können vielfältig und gravierend sein. Der häusliche Frieden ist häufig durch die einseitige Fixierung auf die Bedürfnisse des Kindes gefährdet. Die Eltern überfordern sich oft durch Schlaf- und Ruhemangel. Das Kind kann sich im Extremfall zum „Haustyrannen" entwickeln, der die Eltern als dienstbare Geister betrachtet und in seinem Egoismus keine Grenzen erfährt. Der Kinder- und Jugendpsychiater Winterhoff nennt diese Entwicklung „Machtumkehr" und sieht als eine Folge davon mannigfache Entwicklungsverzögerungen bei Kindern. „Ich befürchte, dass wir eine Gesellschaft bekommen mit immer mehr jungen Heranwachsenden, die nicht lebenstüchtig sind. Es geht nur um Lust und Lustbefriedigung. Sie sind in der Gefahr, eine Suchtstruktur zu entwickeln."[59] Genauso sieht es der Psychiater Professor Dr. Haller, der in seinem Vortrag „Glück und Unglück der Sucht" in einer verwöhnenden Erziehung, die dem Kind jede Schwierigkeit von vornherein aus dem Weg räumt, einen möglichen Faktor zur Entwicklung einer Suchtstruktur im späteren Leben sieht.[60]

Die große Gefahr einer Erziehungspraxis, die das Bedürfnis des Kindes nach Autonomie zu wenig berücksichtigt, liegt in der mangelnden Entwicklung der Fähigkeit des Kindes, schrittweise mit kleinen Befindlichkeitsstörungen alters- und entwicklungsentsprechend selbstwirksam umzugehen und Frustrationen zu ertragen. Kindern, die so aufwachsen, gelingt es auch im weiteren Verlauf ihres Lebens oft nicht, kleinste Anforderungen und Misslichkeiten zu überwinden. Ein gesundes Selbstwertgefühl konnte auf diese Weise nicht entstehen, was aus dem Mangel an der Entwicklung von Frustrationstoleranz resultiert. Das zeigen die Ergebnisse des so genannten Marshmallow-Tests schon in den 60er-Jahren des 20. Jahrhunderts. „Dabei bekamen vierjährige Kinder eine Süßigkeit (ein *Marshmallow*) vorgesetzt und wurden vor die Wahl gestellt, es entweder sofort zu essen oder noch ein zweites zu bekommen, wenn sie einige Minuten warten konnten, ohne das erste Marshmallow zu essen."[61] Ziel dabei war es, zu ermitteln, welche Kinder es schafften, der Verlockung, den Marshmallow sofort zu verspeisen, zugunsten einer späteren Belohnung durch eine weitere Süßigkeit standzuhalten (Belohnungsaufschub). Eine daraufhin durchgeführte Langzeitstudie zeigte, dass diejenigen Kinder, die in jungen Jahren in dem Test die Fähigkeit zur Impulskontrolle bewiesen, indem sie zeitweilig Frustrationen ertrugen und Belohnungsaufschub leisten konnten, sich viele Jahre später zielstrebiger und erfolgreicher in Ausbildung und Beruf zeigten. Darüber hinaus waren sie sozial kompetenter, psychisch stabiler und weniger anfällig für Drogensucht. Infolge symbiotischer Eltern-Kind-Beziehungen, die Winterhoff vermehrt feststellt, können zudem Störungen in der Selbstwahrnehmung und der Wahrnehmung anderer entstehen. Das kann, wie viele Autoren warnen, zu erheblichen Beziehungsstörungen und Verhaltensauffälligkeiten führen. Diese Probleme können sich auch auf den schulischen Bereich auswirken. Die Folgen einer mangelnden Erziehung zur Selbstständigkeit sind oft massive Lernprobleme, da eine altersgemäße Entwicklung behindert wird.

Festzuhalten ist: Dem Bedürfnis nach Bindung muss vor allem in den ersten Lebensjahren selbstverständlich umfassend entsprochen werden. Andererseits ist jedoch unbedingt darauf zu achten, dass das mit der Entwicklung des Kindes zunehmende Bedürfnis nach Autonomie angemessen berücksichtigt wird. Nur wenn in der Erziehung das Bedürfnis nach Bindung und Autonomie gleichermaßen beachtet wird, können Fehlentwicklungen und Defizite in der Entwicklung der Kinder vermieden werden.

Die Welt selbst erleben

Das Streben nach Unabhängigkeit und Selbstbestimmung beginnt schon während der Geburt. Das Kind verlässt den mütterlichen Schutzraum und wird abgenabelt. Es muss selber trinken, verdauen, schlafen und wachen und sich zunehmend getrennt von der Mutter auf die neuen Bedingungen des Lebens außerhalb des mütterlichen Körpers einstellen. Nach und nach nimmt es die Umgebung wahr mit seinen Sinnen. Es fühlt Kälte, Wärme, Hunger. Es sieht Licht und Dunkelheit, die Gesichter der Betreuungspersonen. Es hört Geräusche, Stimmen, Klänge. Schließlich wird es zunehmend aktiv und beginnt mit dem Begreifen der Umgebung zunächst mit dem Mund, dann mit den Händen. Es bewegt sich fort und erkundet seine nähere Umgebung. Es robbt, krabbelt und richtet sich schließlich auf, steht, geht und erweitert im wahrsten Sinne des Wortes schrittweise seinen Radius und entfernt sich immer weiter von den Bezugspersonen. Der Drang zur Selbstständigkeit ist also genauso grundlegend für die Entwicklung wie die Bindung. Aber die Entwicklung läuft nur störungsfrei, wenn die Bezugspersonen erreichbar bleiben. Das Kind muss erfahren, dass es sich entfernen kann, in dem sicheren Gefühl, dass es nach jedem kleinen Ausflug in den sicheren Hafen der elterlichen Arme zurückkehren kann. Das Spannungsverhältnis von Bindung und Autonomie ist grundlegend für die Entwicklung von Kindern. In der weiteren Entwicklung bis zum 3. Lebensjahr wird dieser dialektische Prozess vor allem in der Sprachentwicklung deutlich. Das Kind lernt die ersten Worte von seinen engsten Bezugspersonen durch Vorsprechen, Vorlesen, Lieder singen, zunächst eng gebunden an das sprachliche Vorbild der Erwachsenen. Später kann es dann den erlernten Wortschatz immer selbstständiger anwenden und erweitern. Mit drei Jahren kann es seine Bedürfnisse meist schon gut sprachlich artikulieren und mit seinen Mitmenschen altersgerecht kommunizieren. Dieses Niveau der

Sprachentwicklung ist ein deutliches Signal dafür, dass das Kind nun einen weiteren Schritt in Richtung Autonomie gehen kann. Jetzt ist es in der Regel in der Lage, sich sicher in einer Kindergruppe zu bewegen und auf fremde Erwachsene zuzugehen, dort weitere Bindungen einzugehen, versehen mit dem kognitiven und emotionalen Rüstzeug, das einer gesunden Balance zwischen Bindung und Autonomie entspringt. Wichtig ist in diesem Zusammenhang, dass Eltern diese Entwicklung zur Selbstständigkeit nicht behindern. Kinder im Vor- und Grundschulalter brauchen die Möglichkeit, vielfältige Erfahrungen mit sich und der Welt zu machen. Besonders bedeutsam ist es dabei, dass sie zunehmenden Freiraum genießen, sich unbeschwert in ihrer Lebenswelt zu bewegen und sie eigenständig zu entdecken. Genormte Spielzeuge und zu viele vorgegebene pädagogische Programme, die heute häufig in der Welt der Kinder anzutreffen sind, können die Entwicklung eines selbstständigen und kreativen Umgangs mit der Lebenswirklichkeit behindern. Noch in den 50er- und 60er-Jahren des 20. Jahrhunderts sah das ganz anders aus. Da spielten Kinder in Stadt und Land in ihrer Freizeit auf der Straße, auf Wiesen und Feldern, kletterten auf Bäume, erfanden Spiele u. v. a. m., ohne ständig von Erwachsenen beaufsichtigt, angeleitet, betreut und „gebildet" zu werden. Sie haben die Welt um sie herum einfach selbstständig und frei erkundet. Dagegen geraten immer mehr Kinder heute unter staatlich geförderte und gesellschaftlich propagierte Betreuungsprogramme.

Krippenbetreuung teilweise schon unter einem Jahr, Musische Früherziehung, Englischkurse für unter Dreijährige, ganztägige Kitabetreuung ab dem 3. Lebensjahr engen den Spielraum der Kinder immer mehr ein. Danach kommt die schulische Totalbetreuung durch die Ganztagsschule. Selbst in der Freizeit und in den Schulferien laufen Förderkurse, Nachhilfestunden u. v. a. m. Kindheit heute ist gekennzeichnet durch Dauerbetreuung, Dauerbildung, Dauerstress.[62]

Selbst im Urlaub werden Kinder oft mit Animationsprogrammen unterhalten. Die Folgen dieser Entwicklung: Selbstbestimmte Aktivitäten und geistige Eigenständigkeit werden zugunsten einer regulierten und vorstrukturierten Beschäftigung zurückgedrängt. Diese Form der programmierten Kindheit kann die notwendige Autonomieentwicklung der Kinder stark beeinträchtigen. Der Tag der heutigen Kleinkinder ist häufig extrem durchstrukturiert und getaktet. Die schwedische Pädagogin und Autorin Anna Wahlgren macht in diesem Zusammenhang einige Vorschläge, wie man das selbstbestimmte Spiel von Kindern mit einfachen Mitteln fördern könnte. „Gebt den Kindern, was sie brauchen, damit sie auf ihre ganz eigene Weise damit arbeiten können … Sie geben ihrem Kind einen Ball und erwarten, dass ihr Kind etwas mit dem Ball anfängt. Und das Kind will etwas mit dem Ball machen … Eltern haben ihren Kindern Bauklötze gegeben, und die Kinder haben angefangen, Türme damit zu bauen oder ein Haus … Sie machen das ganz von alleine, du musst ihnen nur die Bauklötze geben. Gebt ihnen Bücher und sie werden lesen. Gebt ihnen solche Möglichkeiten, aus denen sie selbst etwas machen … Aber man muss geduldig sein, dem Kind Zeit lassen … sie in Ruhe lassen, sie allein etwas machen lassen."[63]

Diese einfachen Maßnahmen haben ein großes pädagogisches Potential. Sie fördern die Autonomieentwicklung und die Kreativität der Kinder. „… drei Jahre müssen sie die Umgebung erkunden, die Sprache, die Kultur, die Verhaltensregeln usw. Wurzeln schlagen, wie man sagen kann. Kinder sind ständig beschäftigt zu lernen, sich anzupassen, zu verstehen … Deswegen bedeutet unser erwachsenes endloses Reden und „Fördern" kleiner Kinder … für die Kinder puren Stress und belastet sie, statt ihnen zu helfen."[64]

Zielt die hier von Wahlgren kritisierte Bildung möglicherweise vor allem auf ökonomische Verwertbarkeit und Anpassung an unhinterfragte und interessegeleitete Normen ab, statt Bildung im Sinne Humboldts als Hinführung zur

Selbstbestimmung zu verstehen? Ein offener und ehrlicher, die Interessen, Wünsche und Bedürfnisse der Kinder berücksichtigender politischer und gesellschaftlicher Diskurs über diese Frage wäre nicht nur wünschenswert, sondern dringend erforderlich.

Kinder, die gerne für sich und nach ihrem eigenen Rhythmus spielen wollen, etwas ausprobieren, entdecken und herausfinden wollen, was das Leben eigentlich ist, kommen in der totalen Bildungs- und Betreuungswelt kaum auf ihre Kosten. Für ein paar Stunden mal nicht in der lauten und teilweise hektischen Gruppe sein, zur Ruhe kommen, selbstbestimmten Aktivitäten nachgehen oder auch nur entspannen, ohne pädagogisches Programm frei spielen, träumen, das ist für die Entwicklung der Kinder mindestens genauso wichtig wie das systematische schulische Lernen. Auch hirnphysiologische Erkenntnisse machen deutlich, dass eine gesunde Balance von Aktivität und Ruhepausen günstig für die geistige Entwicklung und das Lernen von Kindern ist. Die Neurowissenschaftlerin Imke Kirste stellte in einer Studie von 2015 fest, dass neue Zellen im Hippocampus bei völliger Ruhe ausgebildet werden. Diese Hirnregion ist u. a. für das Gedächtnis und für das Lernen zuständig.[65]

Diese Erkenntnisse machen noch einmal deutlich, dass, im Unterschied zur Maschine, der Mensch natürliche Rhythmen von Anspannung und Entspannung benötigt, um sein geistiges Potential voll zu entfalten. Vor diesem Hintergrund zeigt sich, dass ein Zuviel und ein Zufrüh an Bildungsaktivitäten das Lernen möglicherweise sogar behindern kann.

Schule heißt Muße – stoppt den Reformwahn

Immer neue Reformprojekte und die damit verbundene Notwendigkeit, sich ständig mit neuen Konzepten auseinanderzusetzen, bringen eine erhebliche Unruhe in den Schulalltag. Zudem werden inhaltliche und zeitliche Spielräume für eigene Interessen und Schwerpunktsetzungen trotz einiger Ansätze, die Selbstständigkeit der Lernenden zu fördern (z. B. Projektunterricht und offene Lernformen), immer geringer. Das ist für eine erfolgversprechende Förderung der kindlichen Autonomieentwicklung kontraproduktiv. Trotzdem bringen viele Bildungspolitiker weiterhin ein Reformprojekt nach dem anderen durch die Parlamente. „Die Rede ist von einem Reformwahn und einer Bildungsbürokratie (und Politik, d. Verf.), die mit einem „Schwall von Zauberwörtern" wie Fortschritt, Innovation, Modernisierung, Transparenz, Autonomie, Qualität und Professionalisierung daherkommen, in Wirklichkeit aber ein heilloses Durcheinander anrichten und die Lehrer von ihrer eigentlichen Aufgabe, dem Unterrichten, abhalten."[66] Die Liste beispielsweise der Hamburger Reformvorhaben in den letzten zehn bis fünfzehn Jahren ist lang: Verlässliche Halbtagsgrundschule, Bildungsplanreform, Individualisierung, sechsjährige Grundschule (durch Volksentscheid gestoppt), selbstverantwortete Schule, offener Unterricht, computergestütztes Lernen, Inklusion, Evaluation, Stadtteilschule, achtjähriges Gymnasium, Ganztagsschule u. v. a. m. Jedes dieser Reformprojekte erfordert neben enormen finanziellen Mitteln einen immensen Arbeitsaufwand aller am Bildungsprozess in der Schule Beteiligten. Die Folgen sind dramatisch: Durch die zunehmende Inanspruchnahme der Lehrenden mit der Durchführung der diversen Reformprojekte gerät der Unterricht und die pädagogische Arbeit immer mehr ins Hintertreffen. Wie kann ein Lehrender unter diesen einengenden Bedingungen ein autonomieorientiertes Lernen bei seinen Schülern initiieren?

Genervte Lehrer, die teilweise ohne Pause zwischen den Unterrichtsstunden von Beginn des Unterrichts bis zum Ende der Unterrichtszeit von einem Besprechungstermin zum nächsten hetzen, haben natürlicherweise nicht mehr die Ruhe und Ausgeglichenheit, um sich voll und ganz ihren Schülern zu widmen. Wie der heutige Alltag von Lehrern teilweise aussieht und welche Folgen die dramatische Arbeitsüberlastung hat, schildert stellvertretend für viele eine Junglehrerin aus Lübeck. Nach einem langen Unterrichtstag sitzt sie jeden Tag von vier bis elf Uhr abends an der Vorbereitung für den nächsten Unterrichtstag. *„Ich fühl mich nur noch müde"*,[67] sagt Janna Buck. Auch eine junge und ebenfalls engagierte Lehrerin aus Hamburg sagt: *„Ich habe praktisch keine Freizeit mehr. Seit Einführung der Ganztagsschule ist die zeitliche Belastung extrem gewachsen."* Diese subjektive Sicht von Lehrern wird auch von Experten gestützt. So sagt die Erziehungswissenschaftlerin Alexandra Wieser zu den Ursachen von Burnout von Lehrern: „Viele Lehrer arbeiten zu Hause oder am Wochenende. Ihnen fehlt dadurch die Zeit zum Abschalten und Erholen."[68]

Im Hinblick auf ein selbstbestimmtes Lehren und Lernen muss auch die immer mehr um sich greifende „Testeritis" kritisch betrachtet werden. Mit so genannten Lernstandserhebungen mit Kürzeln wie Kess, Lau, Vera, Kermit u. a. m. und zweifelhaftem Nutzen werden die Schüler immer häufiger und auch schon in den ersten Wochen der ersten Klasse traktiert. Die rigide Testsituation, in der das natürliche Bedürfnis kleiner Kinder nach Kontakt zum Lehrer und zu den Mitschülern durch strenge und für Schüler dieser Altersgruppe unverständliche Durchführungsprozeduren keine Berücksichtigung findet, ist gerade für Kinder im Grundschulalter belastend. Insbesondere für gerade eingeschulte Erstklässler ist so ein Test eine Tortur. Überdies sind Tests in diesem Alter unnötig und unpädagogisch. Sie gefährden die gerade in den ersten Schulwochen wichtige Vertrauensbildung zum Lehrer und stören die Entwicklung der sozialen Beziehungen der

Schüler untereinander. Ferner überprüfen die Tests nur kognitive Leistungen in den Fächern Mathematik, Deutsch, Englisch. Soziale und kreative Kompetenzen werden nicht berücksichtigt. Es besteht zudem die Gefahr des „teaching to the test", d. h. im Mittelpunkt des Unterrichts stehen nicht das eigene Nachdenken, Staunen und Zweifeln in Bezug auf Inhalte, sondern es geht im Wesentlichen um messbare Kompetenzen.[69] Damit wird das eigenständige und autonomiefördernde Lernen stark eingeschränkt. Durch den ständigen Reformdruck werden Zeiten, in denen sich Schüler und Lehrer mit freieren und selbstbestimmten Projekten befassen können, massiv reduziert. Der Schulalltag unterliegt mehr und mehr einem starren Zeitkorsett, das ein freies und kreatives Lernen behindert.

Das Ergebnis all dieser so genannten Bildungsreformen sind zunehmend unruhige Klassen, mehr Lernstörungen und aggressive Verhaltensauffälligkeiten bei den Schülern. Nicht jedes Reformprojekt ist per se negativ zu bewerten. Aber viele der oben genannten Vorhaben haben sich beim genaueren Hinschauen in Bezug auf eine Verbesserung des Lernens als äußerst fragwürdig erwiesen. „Zu viele reformpädagogische Versuche sind in den letzten Jahren durchgeführt worden, ohne dass sich eine spürbare Verbesserung der Situation von Kindern und Jugendlichen eingestellt hätte. So viel, wie hier schon reformiert wurde, müsste eigentlich jeder Schulabgänger mit Kusshand in die Berufswelt übernommen werden. Das Gegenteil ist der Fall."[70] Auch die PISA-Studien der letzten Jahre zeigen für das deutsche Bildungssystem so geringe Steigerungsraten hinsichtlich der Testergebnisse, dass der gigantische Aufwand, gemessen an dem geringen Nutzen, kaum zu rechtfertigen ist.

Insgesamt muss festgestellt werden, dass die überhastete Einführung vieler der genannten Reformprojekte nicht zum gewünschten Erfolg geführt hat.

Das zeigt sich beispielsweise an dem Projekt der Ganztagsschule als Fortführung der Ganztagsbetreuung, die in kurzer

Zeit flächendeckend und ohne vorherige ergebnisoffene Erprobungsphase eingeführt wurde. Als zentrale Begründung diente die unbewiesene Behauptung, dass mehr Zeit zum Lernen automatisch bessere Ergebnisse bewirkt. Dem widerspricht entschieden auch der ehemalige Präsident des Deutschen Lehrerverbandes Josef Kraus. Er meint, dass es keine stichhaltigen Beweise für die Überlegenheit der Ganztagsschulen gegenüber den Halbtagsschulen gebe und stellt fest: „Es gibt keinerlei Zusammenhang zwischen Bildungsqualität und Ganztagsschulquote."[71] Und was vor dem Hintergrund des hier zu verhandelnden Grundbedürfnisses nach Autonomie besonders wichtig ist: Die Ganztagsschule nimmt Schülern viel Zeit für die Pflege eigener und selbstinitiierter Interessen, z.B. das Erlernen eines Musikinstrumentes, das Betreiben einer besonderen Sportart u.v.a.m. Die Ganztagsschule birgt die Gefahr der Einschränkung individueller Interessen und Neigungen und kann somit auch die Entwicklung zu einer freien und unabhängigen Persönlichkeit behindern.

Die immer weiter um sich greifende Politisierung und Ideologisierung der pädagogischen Arbeit von Schulen und Kitas muss aufhören. Vernunft, Augenmaß und pädagogische Kompetenz müssen endlich wieder die maßgeblichen Grundlagen für die Entwicklung von Bildung und Erziehung in unserem Land sein.

Erst real, dann virtuell – Risiken verfrühter Digitalisierung

Sicherlich erweitern und vereinfachen digitale Medien die Möglichkeiten zur Kommunikation des Einzelnen mit seiner Umwelt enorm und können damit zu seiner autonomen Lebensgestaltung beitragen. Allerdings gibt es auch erhebliche Risiken. Darüber eine intensive und ehrliche Debatte zu führen, wäre das Gebot der Stunde. Stattdessen wird von Seiten der offiziellen Bildungspolitik die „Digitalisierung des Unterrichts" zum Zauberwort gemacht. Dabei wird suggeriert, dass allein die Verwendung der neuen Technologien die Qualität des Lehrens und Lernens in der Schule garantieren könnte. „Die Geisteshaltung, die in den Begriffen wie „Digitalisierung" zum Ausdruck kommt, hat Morozov „Solutionismus" genannt: die Idee, dass man alle Probleme mit dem richtigen Programm lösen kann, ohne mühsame Abwägung von Partialinteressen oder einer öffentlichen Verständigung über gemeinsame Ziele."[72]

Die Risiken einer verstärkten Digitalisierung im Unterricht der Schule beziehen sich paradoxerweise vor allem und gerade auf die Autonomieentwicklung. Normalerweise sollte der Mensch seine Technik beherrschen. Es mehren sich allerdings die Anzeichen, dass sich viele Menschen, und das betrifft vor allem jüngere, zunehmend von eben dieser Technik beherrschen lassen. Wer mit offenen Augen und nicht ständig selber über sein Smartphone gebeugt durch die Welt geht, der kann immer mehr Menschen beobachten, die permanent und überall auf ihr Lieblingsspielzeug starren, sei es als Fußgänger im Gedränge eines Einkaufszentrums oder gar trotz Verbots und enormen Unfallrisikos beim Steuern eines Autos. Letzteres wird in Verkehrsunfallstatistiken ein ständig wachsender Faktor. Grotesk und hochproblematisch wird das Ganze, wenn man immer häufiger Paare mit Kleinstkindern beobachten kann, die, statt sich mit dem Kind zu beschäftigen, auf das Smartphone starren. Welchen Eindruck wird das kleine Kind wohl in dieser Situation von seinen Eltern gewinnen? Wahrscheinlich diesen: Ich bin den Eltern nicht wichtig. Wenn sie dieses Verhalten der Eltern dann während ihrer gesamten Kindheit erleben, bekommen sie durch das Vorbild ihrer Eltern vermittelt, dass diese suchtartige Form der Abhängigkeit vom Smartphone normal ist und man sich nicht dagegen wehren kann. Erziehung zur Autonomie sieht anders aus. Es liegt nahe, dass diese Kinder und Jugendlichen später eine ähnlich problematische Nutzung des Gerätes entwickeln.

Die Folgen der exzessiven Nutzung digitaler Medien sind in vielen Studien nachzulesen. An dieser Stelle weisen wir auf die Studien des anerkannten Suchtforschers und Psychiaters Tomasius hin, der im Hamburger UKE immer mehr Patienten, vor allem jüngere, behandelt, die Tag und Nacht mit Computerspielen verbringen und dabei den Kontakt zur realen Welt fast vollständig verlieren, indem sie häufig die Schule schwänzen, ihre Freundschaften vernachlässigen, ihre Gesundheit durch mangelnde Bewegung, Stress und Fettleibigkeit gefährden.[73]

Auf die Risiken der Hyperdigitalisierung hinsichtlich der Folgen für die intellektuelle Entwicklung von Kindern und Jugendlichen weist eindringlich der Neurowissenschaftler und Psychiater Manfred Spitzer hin. Besonders nachdrücklich beschreibt er die Gefahr der Beeinträchtigung der Intelligenzentwicklung als Folge des exzessiven Spielens, Mail-Checkens und -Schreibens, Bloggens und Postens in Facebook, WhatsApp und anderen sozialen Medien. Er spricht provokant von „Digitaler Demenz" und berichtet über potentiell schwerwiegende Folgen für die Leistungen in Schule und Beruf.[74]

Der Pädagoge Klaus Zierer sieht die Bestrebungen vieler Bildungspolitiker, digitales Lernen in den Schulen zu forcieren, ebenfalls kritisch. In diesem Zusammenhang skizziert er die Problematik einer oberflächlichen und ideologisch orientierten bildungspolitischen Debatte und verweist auf die Ergebnisse der oben erwähnten Metastudie des Pädagogen John Hattie. „Was wissen wir über Digitalisierung und ihren Einfluss auf die Lernleistung von Schülern? In der aktuellen Diskussion wird schnell deutlich: Vieles entspringt vagen Vorstellungen und vereinzelten Erfahrungen. Klarheit liefert die Forschung – etwa die einflussreiche Hattie-Studie, eine Metastudie zu Unterricht und Lernerfolg. Das aktuelle Hattie-Ranking listet bis zu 250 Faktoren auf, die Einfluss darauf haben, wie gut Unterricht gelingt. Darunter sind über 20 Digitalisierungsfaktoren, die jedoch in der Summe nur mäßige Effekte haben."[75] Das bestätigt auch die aktuelle Studie der

Professorin für Didaktik Kristina Reiss. Sie weist eindringlich auf die Probleme des E-Learnings hin. Neben dem rasch einsetzenden Gewöhnungseffekt und der daraus resultierenden Langeweile kann das E-Learning die zentralen motivationalen Impulse des Lernens nicht ersetzen: das Interesse, die Neugier, die Faszination. Diese Wirkungen können, so das Ergebnis ihrer Studie, nur durch Personen erzielt werden. „Es würde über das Ziel hinaus schießen, bewährte analoge Formate zu verbannen. Außerdem sehen wir, dass auch sehr gut gemachte Lernprogramme nicht die Lehrer ersetzen können."[76] Wer jedoch Interesse und Neugier entwickelt, wird zunehmend unabhängiger von Medien. Er macht sich als kleiner Forscher mehr und mehr selbst auf den Weg, die Welt zu entdecken und nicht ständig durch die Brille anderer zu sehen. Damit erwirbt der junge Mensch allmählich die Fähigkeit, Informationen aus zweiter Hand vor dem Hintergrund seiner eigenen Erfahrungen zu hinterfragen. Eine unschätzbar wichtige Fähigkeit in einer demokratischen Gesellschaft. Um möglichst viele Erfahrungen mit der realen Welt zu machen, brauchen Kinder gerade in den ersten Schuljahren eine intensive Begegnung mit der Wirklichkeit, mit der Natur, der Kultur und mit den Mitmenschen. *Analog statt digital* muss daher das bildungspolitische Credo für Kindergarten und Grundschule heißen.[77] Wer die Lebenswirklichkeit aus eigener Anschauung und nicht in erster Linie medial kennenlernt, ist unabhängiger von Manipulationen aller Art. Ansätze wie die Erlebnis- und die Handlungsorientierte Pädagogik bieten vielfältige Möglichkeiten realer Begegnungen mit der Lebenswirklichkeit. Die Schlussfolgerungen aus diesen Erkenntnissen sind ein eindringliches Plädoyer für eine differenzierte Betrachtung und eine gründliche Abwägung der Chancen und Risiken des Einsatzes digitaler Medien im Unterricht allgemein bildender Schulen. Schnellschüsse sind oft kontraproduktiv, wie sich in vielen Reformprojekten der letzten Jahrzehnte hinreichend gezeigt hat. Die amerikanische

Professorin Eva Marder schrieb kürzlich, ihre Biologiestudenten hätten heute weniger Faktenwissen, weil sie meinten, alles digital nachschlagen zu können. Doch gerade wer auf Neues kommen wolle, warnt die Neurobiologin, müsse das Alte im Kopf haben: „Es ist unmöglich, kreativ zu denken, ohne zu wissen, was bekannt ist. Ihre besten Ideen kamen großen Geistern oft, wenn sie gerade nicht am Schreibtisch oder im Labor saßen, sondern müßig nichts taten und scheinbar Langeweile hatten. Wer hat zuletzt Jugendliche für längere Zeit aus dem Fenster schauen sehen?"[78] Wer sich weitgehend auf das Internet verlässt und über kein eigenes oder nur geringes unabhängiges und selbst erarbeitetes Wissen auf der Basis breiter Wirklichkeitserfahrung verfügt, kann sich kaum zu einer Persönlichkeit mit freiem unabhängigem Denken und selbstbestimmtem Handeln entwickeln. Er ist vielmehr in großer Gefahr, ein bloß funktionierendes Rädchen in einem fremdbestimmten Leben zu werden.

Nicht nur in der Schule muss über einen sinnvollen und verantwortbaren Umgang mit digitalen Medien nachgedacht werden. Auch im Freizeitbereich ist eine kritische Betrachtung der Nutzung durch Kinder und Jugendliche dringend angezeigt. Dabei fällt den Eltern eine schwierige und komplexe Aufgabe zu. Sie müssen wichtige Entscheidungen hinsichtlich einer altersgemäßen Nutzung digitaler Medien und der zeitlichen Nutzungsbegrenzung treffen. Überdies müssen sie darauf achten, mit welchen Inhalten Kinder und Jugendliche konfrontiert werden sollten. Dabei spielen vor allem gewaltdarbietende Spiele und Videos eine bedeutsame Rolle.

Auch um das Problem des exzessiven und teilweise abhängig machenden Gebrauchs des Smartphones müssen sich Eltern verstärkt kümmern. Dieses faszinierende Gerät mit den schier unendlichen Möglichkeiten der Kommunikation, Information und Unterhaltung hat im Alltag der Menschen, vor allem der jüngeren, eine so totale und dominante Präsenz gewonnen, dass es andere Aktivitäten mehr und mehr verdrängt oder überlagert. Verloren geht häufig die direkte Kommunikation von Mensch zu Mensch, die Wahrnehmung der realen Welt, die Fähigkeit und Muße zum Sinnieren, Tagträumen und Phantasieren und damit ein gewaltiges Stück Autonomie und Freiheit.

Kinder wollen anerkannt werden und wichtig sein

Bedingungslose Anerkennung – Basis für ein gelingendes Leben

Die Grundlage für ein in jeder Hinsicht gelingendes Leben ist die bedingungslose Liebe der Eltern zu ihrem Kind. Die Elternliebe ist die grundlegende und folgenreichste Form der Anerkennung und Wertschätzung, die jeder Mensch braucht, um sich psychisch und physisch gesund zu entwickeln. Konkretisiert wird diese elterliche Liebe, Wertschätzung und Anerkennung durch die ständige unmittelbare Bestätigung jedes kleinen Entwicklungsschrittes in den ersten Jahren. Das erfordert verlässliche Präsenz und Anteilnahme vom ersten Tag nach der Geburt über die vielen kleinen Fortschritte des ersten Lächelns, Greifens, Krabbelns, Stehens, Laufens, Sprechens etc. Jeder kleine Schritt des Kindes muss anerkannt, gelobt, immer wieder bestätigt werden. Ohne diese Anerkennung und Bestätigung durch die engsten Bezugspersonen ist eine gesunde Entwicklung des Kindes kaum denkbar. Das zeigen eindrücklich die Erfahrungen mit Kindern, die diese Anerkennung nicht oder nur unzureichend erfahren haben. Solche Kinder zeigen häufig Verhaltensauffälligkeiten oder Verzögerungen in der geistigen und körperlichen Entwicklung mit oft lebenslangen Folgen. Die Pädagogin Annedore Prengel führt dazu aus: „Die Bindungstheorie hat in entwicklungspsychologisch-psychoanalytischer Perspektive aufgedeckt, dass Kinder vom Anfang des Lebens an auf feinfühlige Anerkennung ihrer Bedürfnisse und Lebensäußerungen durch eine verlässliche Bezugsperson angewiesen sind und dass sich verschiedene Typen für mehr oder weniger gelingende Formen der Anerkennung in den frühen Jahren nachweisen lassen. Auch in sozialisations- und resilienztheoretischer Perspektive werden die langfristigen Wirkungen früher Anerkennungserfahrungen untersucht, hier wird sichtbar, dass ein Mangel an existenzieller Anerkennung zu gravierenden langfristigen Schädigungen führt (im Überblick vgl. Prengel 2012, im Druck; Stojanov 2006)."[79]

Besonders in den ersten drei Jahren, das bestätigen viele Forschungsergebnisse, reagieren Kinder äußerst sensibel auf mangelnde Anerkennung und Bestätigung.

Aber auch in späteren Jahren in Kindergarten und Schule ist die Befriedigung dieses Grundbedürfnisses von zentraler Bedeutung für gelingendes Lernen und für die Entwicklung der Persönlichkeit jedes einzelnen Schülers. Prengel weist in diesem Zusammenhang auf zahlreiche Forschungsergebnisse hin, die belegen, dass „anerkennende Interaktionen eine Bedingung gelingenden Lernens sind"[80] Diese Erkenntnis wurde von verschiedenen reformpädagogischen Konzepten in immer neuen Variationen weiterentwickelt und zu praktischen Ansätzen ausgestaltet. Ob Montessori, Ellen Key, Rudolf Steiner, Hermann Nohl, um nur einige Vertreter dieser vielfältigen und kreativen pädagogischen Epoche zu nennen, allen war die Anerkennung und Unterstützung der Persönlichkeitsentwicklung besonders wichtig. Heute bestätigen zahlreiche Experten diese Erkenntnisse und Thesen, indem sie aufzeigen, welche gefährlichen Folgen es hat, wenn dies nicht beachtet und in der täglichen Erziehungs- und Unterrichtspraxis umgesetzt wird.

Individualisierung ja, aber richtig

Individualisierung, das ist auch eines dieser Zauberwörter, die suggerieren, dass hier etwas ganz Großartiges und noch nie Dagewesenes in Bildung und Erziehung geschieht. Ein gewaltiger Fortschritt, so erklingt das Loblied der Bildungspolitiker aller Couleur. Unterricht und Schule werden gewissermaßen neu erfunden, so will man uns glauben machen. Schaut man sich diese „Wundertüte" der Bildung nun genauer an, dann steckt dahinter eher eine Mogelpackung. Diese hochgelobte Methode beinhaltet in der Regel nur die Möglichkeit für die Schüler, im Rahmen der so genannten „Freiarbeit" (ein weiteres Wundermittel aus dem Zauberkasten zeitgeistgewendeter Pädagogik und Didaktik) ein vom Lehrer inhaltlich und methodisch vorgegebenes Arbeitsblatt seiner Wahl zu einem Zeitpunkt nach seinem Gusto zu wählen und in seinem Tempo zu bearbeiten. Diese Art der „Individualisierung" erinnert uns eher an Fließbandarbeit denn an eine Didaktik, die sich an der individuellen Persönlichkeit eines Schülers orientiert und sich zur Aufgabe macht, diese nach allen Regeln der pädagogisch-didaktischen Kunst zu fördern. Persönlichkeitsentwicklung auf der Basis einer möglichst genauen Kenntnis der individuellen Fähigkeiten und Bedürfnisse eines Schülers und unter Einsatz von sorgfältig bedachten und passgenauen Inhalten und Methoden, das ist ein Ansatz von Individualisierung, der diesen Namen verdient.

Wirkliche Individualisierung meint also: Jedes Kind muss in seiner Besonderheit als Individuum und mit seinen spezifischen Fähigkeiten und Persönlichkeitsmerkmalen erkannt, anerkannt und speziell gefördert werden. Diese Auffassung wird durch die schon vor längerer Zeit von den anerkannten Psychologen A. Maslow, Rogers u. a. formulierte Persönlichkeitskonzeption gestützt. Danach strebt jedes Individuum nach Selbstverwirklichung. Rogers konkretisiert dieses Bestreben jedes Menschen als Bedürfnis „sich auszuweiten, auszudehnen, zu entwickeln, autonom zu werden, zu reifen"[81] Maslow sieht in dem Konzept der Selbstverwirklichung die Möglichkeit für jedes Individuum, sein eigenes in ihm angelegtes Potential weitgehend auszuschöpfen. Deshalb steht Selbstverwirklichung in seiner Bedürfnispyramide an oberster Stelle.[82] Die Entwicklung dieses individuellen Potentials im Sinne von Autonomie und Selbstverwirklichung ist nach Meinung von beiden bedeutenden Psychologen so wichtig, dass es aus unserer Sicht unbedingt eine bedeutende Rolle in Erziehung und Bildung von jungen Menschen spielen sollte.

Die Anerkennung des Schülers als Individuum mit dem Ziel, ihn dabei zu unterstützen, sein individuelles Potential so weit wie möglich auszuschöpfen, muss also die zentrale Grundlage einer Bildung sein, deren ganzes Interesse dem Individuum und seiner Entwicklung gilt und nicht einer einseitig testorientierten und ökonomisch ausgerichteten Anpassung der Schüler an vorgegebene Standards. Wilhelm von Humboldt hat in seinem Begriff von Bildung eindringlich formuliert, worauf es dabei ankommt: „Jeder Mensch repräsentiert eine Idee des Menschseins. Diese zu entwickeln ist Aufgabe der Bildung."[83]

Dieser ganzheitliche, die ganze Person umfassende Bildungsbegriff basiert auf der bedingungslosen Anerkennung jedes einzelnen Menschen in seiner unverwechselbaren Persönlichkeit. Er ist überdies Ausdruck eines grundlegenden Respekts vor dem zu erziehenden und zu bildenden Menschen. Es gilt in erster Linie, seine Grundbedürfnisse zu kennen und anzuerkennen und überdies seine individuellen Fähigkeiten zu entdecken und zu fördern. Dazu müssen Kitakinder und Schüler mit speziellen und individuell ausgewählten Aufgaben versorgt werden. Zur Persönlichkeit passende Theaterrollen bei Klassen- oder Schulaufführungen, individuelle Ansprachen (Lob für den Schwächeren, Ansporn für den etwas weniger Mutigen etc.) mit dem Ziel, individuelle Persönlichkeitsmerkmale auszubalancieren, soziale Aufgaben für besonders begabte Schüler, das alles sind konkrete Möglichkeiten zu einer Individualisierung, die den Namen auch verdient.

Echte Aufgaben – der Königsweg zum Selbstbewusstsein

Lernen in der Schule ist oft nur ein Vorgang, der der Erweiterung des eigenen Wissens und der eigenen Erfahrung dient, um das eigene Fortkommen in der Schule und später in der beruflichen Entwicklung zu begründen. Diese primär individualistische Perspektive ist, wie oben bereits gesagt, sehr wichtig, reicht aber nicht aus. Es müssen auch die Ansprüche und Aufgaben der näheren und ferneren Umgebung in die Betrachtung einbezogen werden. Kinder wollen oft schon sehr früh ihren Eltern bei Aufgaben des täglichen Lebens helfen, beim Tischdecken, beim Saubermachen, im Garten beim Gießen der Blumen und bei vielem mehr, kurz: Sie wollen sich nützlich machen. Dieses spontane Bedürfnis der Kinder sollte auch in der Kinderbetreuung außerhalb der Familie stärker berücksichtigt werden. Diese sehr früh einsetzende Hilfsbereitschaft wird mit dem Eintritt in die Schule zu wenig gefördert, sie wird vielmehr durch das Konkurrenz- und Leistungsprinzip, das heute im Vordergrund steht, konterkariert. Damit bleibt ein großes Potential, das sowohl für die Persönlichkeitsentwicklung der Schüler als auch für die gesellschaftliche Entwicklung außerordentlich bedeutsam ist, ungenutzt. Dass es auch anders geht, zeigt Hartmut von Hentig in seinem Buch „Schule neu denken"[84] Er entwickelt darin die Idee, dass der schulische Unterricht es den Schülern ermöglichen soll und kann, die Erfahrung zu machen, dass das schulische Lernen sinnvoll und den Mitschülern, der Schule und der Gesellschaft unmittelbar von Nutzen sein kann. Hentig spricht von der „nützlichen Erfahrung nützlich zu sein"[85] Wie das im Unterricht zu realisieren ist, zeigen Beispiele aus der Praxis. So werden z. B. ältere Schüler in dem schleswig-holsteinischen Internat Luisenlund zu Sanitätshelfern ausgebildet. Nach der Ausbildung werden die Schüler dann im Rahmen der Ersten Hilfe in der Schule eingesetzt. Darüber hinaus werden den Schülern im

Rahmen eines so genannten Gilden-Konzepts in Zusammenarbeit mit THW und der Feuerwehr Kenntnisse und Fertigkeiten vermittelt, die sie in der Schule nutzbringend anwenden können. Ferner werden sie zu sozialen Diensten, z. B. in der Altenpflege, der Hausaufgabenhilfe und zu Lehrerassistenzen herangezogen. Hilfsprojekte im Ausland werden im Unterricht der Schule vorbereitet und die Umsetzung begleitet.[86] Auch andere Projekte, die z. B. in verschiedenen Grundschulen durchgeführt werden und wurden, sind diesem Ansatz verpflichtet. So haben Drittklässler mit dem Herstellen einer Schmetterlingswiese einen Lebensraum für diese Tiere geschaffen. Eine andere Grundschulklasse ist mit behinderten Kindern im Rahmen einer Klassenreise zu einem Reiterhof gereist und hat dabei diese Schüler in verschiedenen Situationen unterstützt. Sie haben beispielsweise den körperlich und geistig beeinträchtigten Kindern beim Aufsitzen auf ein Pferd geholfen oder sind daneben gegangen, um diesen Kindern Sicherheit zu geben. Bei anderen Schulprojekten machten sich Kinder im Schulgarten oder Schulzoo nützlich u. v. a. m.[87]

Das Erlebnis, für Menschen und andere Lebewesen nützlich, wichtig und hilfreich zu sein, stärkt das Selbstbewusstsein. Die Kinder spüren, dass sie etwas Sinnvolles und Anerkennenswertes tun. Die positive Resonanz, die sie für ihr Tun erhalten, sei es durch das Gedeihen der betreuten Pflanzen oder Tiere, die Dankbarkeit der Menschen für geleistete Unterstützung oder die Anerkennung durch die Schulgemeinschaft für ein besonderes Engagement zum Nutzen aller, beflügelt Motivation und Anstrengungsbereitschaft der Kinder enorm, stärkt ihre Empathie, unterstützt ihre Entwicklung zu stabilen Persönlichkeiten und beeinflusst ihre charakterliche Entwicklung positiv.

Inklusion ja, aber mit Augenmaß

Inklusion von Menschen mit Behinderungen in die Regeleinrichtungen der Gesellschaft und also auch in die Schulen ist ein bedeutsamer und humaner Schritt in Richtung der bedingungslosen Anerkennung des Wertes jedes einzelnen Menschen, unabhängig von seinen geistigen und körperlichen Potentialen oder Einschränkungen. Das ist auf jeden Fall zu begrüßen. Aber wie so oft in den letzten Jahren haben die ständigen Übergriffe der Bildungspolitik diesem humanen Projekt nicht gutgetan. Inklusion wird politisch instrumentalisiert, ein vernünftiger Diskurs findet nicht statt. Bei der Umsetzung lässt man so manches Mal jegliches Augenmaß vermissen. Eine unzureichende personelle und materielle Ausstattung der Schulen und eine mangelhafte Evaluation verhindern immer wieder eine solide, pädagogisch sinnvolle und an den Bedürfnissen der Kinder orientierte Inklusion. Politische Ideologien dürfen eben keinesfalls das Geschehen im Bereich der Bildung und Erziehung dominieren.[88] Die pädagogische Umsetzung gehört in die Hand der Experten. Die Politik hat nur für ausreichende Rahmenbedingungen zu sorgen. Andernfalls kommt es zu Entwicklungen, die sowohl den inkludierten als auch den übrigen Kindern schaden. So erscheint es uns pädagogisch und menschlich gesehen sehr fragwürdig, wenn alle Kinder, ganz gleich mit welchen Beeinträchtigungen, in einer Schulklasse zusammen lernen sollen. Das könnte evtl. bedeuten, „dass ein einziger emotional-sozial behinderter Schüler durch permanente Störungen, für die er vermutlich nichts könne, die übrigen Schüler in der Klasse dauerhaft und immer wieder durch Herumlaufen, Schreien oder sonstige aggressive Attacken stören dürfe."[89] Eine derart radikale Inklusion wird zu Recht von vielen namhaften Pädagogen kritisiert. Auch der Bildungspolitiker Mathias Brodkorb, der ehemalige Bildungsminister in Mecklenburg-Vorpommern, hat daran scharfe Kritik geübt. Sein wesentlicher Kritikpunkt ist die überhastete und deshalb fehlerhafte Einführung der Inklusion in den Schulen. Nach dem altbewährten Muster der vergangenen Jahre wurde auch diese Reform im Eiltempo eingeführt, ohne ausreichende Reflexion von Chancen und Risiken. Die Bildungspolitik beruft sich bei der Begründung der flächendeckenden Einführung auf die Behindertenkonvention der UN. Dazu meint der Bildungsexperte Herrmann Giesecke:

„Eine vernünftige Politik in Deutschland würde aus Anlass der Behindertenkonvention erst einmal eine Bilanz anstreben, was innerhalb dieses Systems im Hinblick auf die Gruppe der behinderten Schüler verbessert werden kann. Dafür müsste zunächst recherchiert werden, wie sich in der Realität die gesellschaftliche Position von „Menschen mit Behinderungen" darstellt, wie, warum und wodurch sie begrenzt wird, welche Verbesserungen vernünftig sind und von den Betroffenen auch gewünscht werden, welche Kosten zu erwarten sind und wie diese finanziert werden sollen."[90]

Die Folgen der überhasteten Einführung sind vielfältig und teilweise problematisch. Sie betreffen in erster Linie die Kinder mit Beeinträchtigungen. Diese Kinder finden sich zuweilen in einer Umgebung wieder, in der sie überfordert sind und sich ihrer Defizite deshalb möglicherweise noch bewusster werden. Hier bedarf es einer besonderen Sensibilität der Pädagogen und einer engmaschigen Betreuung. Angesichts knapper finanzieller Mittel sieht die Realität jedoch leider oft anders aus. Erfahrungsberichte aus Inklusionsklassen in Schleswig-Holstein zeigen, dass die Anzahl der zusätzlichen Fördermaßnahmen durch Sonderschullehrer für die betroffenen Schüler nur äußerst knapp bemessen ist. Die überwiegende Zeit muss der Klassenlehrer neben der Unterrichtung der übrigen Klasse mehrere Kinder mit verschiedenartigen Behinderungen betreuen. Nur 1,6 Stunden pro Woche ist ein Sonderschullehrer in der Klasse anwesend, z. B. in Mecklenburg-Vorpommern. Lehrerin Marie S. aus Schwerin sagt dazu: *„Ich bin allein auf mich gestellt und komme manchmal an meine Grenzen. Ganz ehrlich,*

ich bin dafür überhaupt nicht ausgebildet. Die Kinder werden nicht bestmöglich unterrichtet und gefördert." Und der Schulleiter Peter M. sagt dazu: *„Von Anfang an sind wir mit dem Problem allein gelassen. Ich würde mir ... wünschen, dass die Bildungsadministration vorher darüber nachdenkt, wie ist das finanzierbar, wie ist das machbar ... und nicht am Kind herumexperimentiert. Das ist unerträglich."*

An dem Beispiel der Inklusion wird erneut deutlich, wie Bildungspolitik heute funktioniert: Die Politik formuliert und beschließt mit großem moralischem Anspruch die Notwendigkeit einer Reform und beauftragt dann die Schuladministrationen und die Schulen mit der möglichst sofortigen Umsetzung.

Inzwischen ist die Inklusionsdebatte auch in den Gymnasien angekommen. Eine Schule, die das zentrale Ziel verfolgt, die Studierfähigkeit der Kinder zu entwickeln, soll nach dem Willen der Befürworter der radikalen Inklusion auch Schüler mit geistigen Beeinträchtigungen aufnehmen. Da stellt sich bei allem Verständnis für den humanen Impetus doch die Frage, ob das schulpädagogisch sinnvoll und verantwortbar ist. Sicherlich ist es gut und richtig, wenn auch Schüler eines Gymnasiums lernen, mit behinderten Mitschülern umzugehen, ihnen zu helfen, von ihnen zu lernen, sie besser zu verstehen und sie in ihrem Menschsein vorbehaltlos anzuerkennen und anzunehmen. Aber muss das unbedingt mittels eines gemeinsamen Unterrichts geschehen? Übrigens fordert das auch die UN-Konvention nicht, auf die sich die Befürworter der radikalen Inklusion beziehen. In der Konvention wird nur das Ziel der Teilhabe von Menschen mit Behinderungen an Bildung formuliert. Sie sagt nichts über die konkrete Umsetzung in jedem einzelnen Land.

Da es in Deutschland seit Langem ein höchst professionelles Förderschulsystem gibt, ist zu fragen, ob es überhaupt sinnvoll und notwendig ist, eine so radikale Reform in diesem Bereich durchzuführen. „Zur Verfügung steht also in Deutschland ein alles in allem sehr differenziertes spezielles Förderschulwesen, das auf die unterschiedlichen Formen körperlicher, geistiger, sozial-emotionaler Behinderung von Schülern bezogen ist. Es gibt spezifische Angebote für Blinde, Sehbehinderte, geistig Behinderte, Gehörlose, Schwerhörige, Körperbehinderte, Lernbehinderte, Sprachbehinderte (Sprachheilschule) und für Taubblinde."[91]

Natürlich ist aus sozial-erzieherischen Gründen die Frage berechtigt, ob man nicht einen Teil der Kinder in den Unterricht der Regelschule integrieren sollte, beispielsweise leichtere Fälle von Sprachbehinderungen oder Lernschwächen. Ist es jedoch sinnvoll, geistig Behinderte in ein Gymnasium zu schicken? Man sollte aus unserer Sicht lieber stärker darüber nachdenken, wie man mit Vernunft und Augenmaß die Ziele der UN-Konvention in Deutschland umsetzt. Das schließt ein, dass man einerseits Inklusion nur da betreibt, wo es sinnvoll und verantwortbar ist, und andererseits da gute und professionelle Förderschulen weiterarbeiten lässt, wo sie den entsprechenden Kindern die bestmögliche Förderung und Teilhabe an Bildung ermöglichen und sie nicht einem überforderten und dilettierenden Regelschulsystem überlässt. Den Kindern mit Beeinträchtigungen verhilft man damit möglicherweise gerade nicht zur mehr Teilhabe und Anerkennung. Hier bedarf es einer gründlichen Debatte, um ein bildungspolitisches Konzept zu entwickeln, das dem begrüßenswerten Ziel, allen Kindern mehr Anerkennung, Unterstützung und Teilhabe zu gewähren, wirklich gerecht wird. Um nicht missverstanden zu werden: Wir kritisieren hier nicht in erster Linie die Schulen. Die tun, was sie können, um das Bestmögliche unter den teilweise unzureichenden Bedingungen zu gewährleisten, und finden oft unter Aufbringung aller Reserven gute und gangbare Wege, die Kinder mit und ohne Beeinträchtigungen angemessen zu fördern.

Dazugehören ist wichtig, aber nicht ohne Risiko

Das Bedürfnis nach Anerkennung prägt das ganze Leben; die Anerkennung der ersten Schritte ins Leben durch die Eltern, die Anerkennung durch die Familie und Freunde, die Anerkennung der Leistungen in der Schule und später im Beruf, die Anerkennung als Mensch durch Freunde oder Lebenspartner. Ohne Anerkennung ist menschliches Leben undenkbar.

Das Grundbedürfnis nach Anerkennung und Zugehörigkeit zu einer Gruppe, zu einem Land, zu einer Gesellschaft gehört zum Wesen des Menschseins. Es entstand in den frühen Tagen der Menschheitsgeschichte und war überlebenswichtig. Ohne den Schutz der Gruppe, in der sich die Menschen zusammenfanden, hätte niemand überleben können. Aus diesem Grunde ist das Bedürfnis nach Anerkennung und Zugehörigkeit so stark. Es ist wie alle Grundbedürfnisse tief in unserem Unbewussten verankert. Der Mensch ist ein „soziales Tier", wie David Brooks in seinem berühmten Buch eindrucksvoll darlegt.[92] Das Grundbedürfnis nach Anerkennung durch die Gruppe hat nicht nur das Überleben der Menschheit gesichert, sondern hat darüber hinaus auch alle zivilisatorischen Errungenschaften der Menschheitsgeschichte ermöglicht. Nur durch die gemeinsame Anstrengung vieler Menschen konnten gewaltige sakrale und profane Bauten entstehen, große Schiffe gebaut werden, Flüge ins Weltall unternommen werden u. v. a. m. Anerkennung und Zugehörigkeit sind also zweifellos unverzichtbar. Aber dieses Grundbedürfnis hat auch seine Schattenseiten, wenn es nicht durch das Grundbedürfnis der Autonomie gewissermaßen in Schach gehalten wird. Dann kann es nämlich dazu führen, dass Menschen nicht mehr wagen, ihre eigene Meinung zu sagen, weil sie fürchten, dann aus der Gruppe, dem Verein, dem Freundeskreis, der Schulklasse ausgegrenzt zu werden. Besonders problematisch wird es dann, wenn in einem demokratischen Staat die Meinung einer Mehrheit oder vermeintlichen Mehrheit zum allgemeinen

Konsens geworden ist und davon abweichende Meinungen durch die Zuweisung negativer Attribute ausgegrenzt werden. Dann erfordert es ein erhebliches Maß an Mut und Autonomie, um dem Druck standzuhalten und seine Meinung dennoch zu sagen und nicht in Schweigen zu verharren. Dem Zeitgeist zu widerstehen, sein Recht auf freie Meinungsäußerung wahrzunehmen und sich den gesellschaftlichen Normen zu widersetzen ist in der heutigen Zeit schwieriger denn je.

Die vielfältigen Ansprüche, die das Leben von Kindern und Jugendlichen heute prägen, erzeugen einen enormen Druck. Wenn man dazugehören will, muss man manchmal bereits als Grundschüler ein Smartphone besitzen, auf seine körperliche Fitness achten, Ernährungsprogramme absolvieren, angesagte Kleidung tragen u. v. a. m. Diese so genannte Selbstoptimierung bis zum angeblich „perfekten Leben" nimmt Kindern und Jugendlichen die unbeschwerte Leichtigkeit des Seins und macht Anerkennung und Wertschätzung abhängig von der Erfüllung fragwürdiger Normen.

Dem muss in Erziehung und Bildung etwas entgegengesetzt werden.

In der Kita und in der Schule sollte deshalb unbedingt darauf geachtet werden, dass ein Klima des gegenseitigen Respekts und der Toleranz gegenüber abweichenden Meinungen und Verhaltensweisen entwickelt wird. Für dieses für das Zusammenleben in einer Gemeinschaft wichtige Ziel muss ausreichend Zeit zur Verfügung stehen. Bei teilweise verfrühter Wissensvermittlung in den Kitas, häufig fragwürdigen Tests und ständig neuen Reformvorhaben in den Schulen bleibt oft zu wenig Raum für das soziale Miteinander in der Gruppe. Dazu gehört u. a. das respektvolle Miteinander im Gespräch, das Zuhören Können beim Austausch von Meinungen, das rücksichtsvolle und faire Verhalten bei Spiel und Sport, der freundliche und wertschätzende Umgang untereinander, das Respektieren und Akzeptieren unterschiedlicher Eigenschaften und Verhaltensweisen.

Überdies muss strikt darauf geachtet werden, dass in Kita und Schule das Neutralitätsgebot im Hinblick auf politische Positionen gewahrt und damit Manipulation und Indoktrination unbedingt vermieden werden.

Kinder wollen mit Lust und Freude leben und lernen

Lust an der Bewegung – Freude am Lernen

Die Lust an der Bewegung kann man auf jedem Kinderspielplatz, in jedem Schwimmbad und auf jedem Schulhof beobachten. Sich bewegend erobern Kinder ihre Umwelt, von Beginn an. Anfangs nehmen sie krabbelnd die Wohnung ihrer Eltern, später gehend evtl. den Garten, dann die weitere Umgebung, die Kita, die Schule, schließlich ihre ganze Umwelt in Besitz. In der Bewegung lernen sie ihre Umgebung kennen und sammeln Erfahrungen, üben ihre körperlichen Fähigkeiten und Kräfte und gewinnen dabei Selbstvertrauen und Lebensfreude. Überdies macht der Pädagoge Heitkämper darauf aufmerksam, dass „Bewegung die Grundlage … jeder Empfindung, jeden Handelns und jeden Denkens,"[93] mithin die Basis aller geistigen Prozesse ist. „Intelligenz ist eine gehirnphysiologisch senso-motorisch aufgebaute Fähigkeit. Sie wird durch Handeln aufgebaut. Diese Erkenntnis trifft sich übrigens gut mit der Entwicklungspsychologie Jean Piagets, der nachweist, dass Kinder ihre Erkenntnisse, ihre Begriffe durch Handlungen erwerben. Intelligenz ist zuerst Handlungsintelligenz."[94] Bewegung gilt auch als Grundlage für wichtige geistige Fähigkeiten wie Freude, Begeisterung Faszination und ist somit zentrale Grundlage für die Entwicklung des gesamten geistigen Potentials eines Menschen. Es ist deshalb schlicht fahrlässig und pädagogisch unverantwortlich, wenn man die angeborene Lust und Freude der Kinder an der Bewegung vernachlässigt, weil damit ein riesiges Potential an Welterfahrung und Lernmöglichkeiten ungenutzt bleibt. So belegt eine Studie der WHO, dass 80 % der Kinder und Jugendlichen an Bewegungsmangel leiden.[95] Welche Folgen das für das Lernen haben kann, zeigt eine Studie des Instituts der deutschen Wirtschaft. Demnach führt regelmäßiger Sport zu besseren

Lernergebnissen.[96] In einer Reihe von Studien[97] geht es um den Einfluss von Bewegungsaktivitäten auf die Konzentrationsfähigkeit von Kindern. Alle Untersuchungen zeigen, dass Kinder, die einen „bewegten Unterricht", wie weiter unten beschrieben, erfahren, eine deutlich bessere Konzentrationsfähigkeit aufweisen als Kinder ohne Bewegungsaktivierung im Unterricht. Zudem zeigen bewegungsaktivere Kinder eine bessere Gesamtkörperkoordination. Nach einer Analyse von Untersuchungen im Rahmen der „Ersten Deutschen Kinder- und Jugendsportstudie"[98] wird noch einmal deutlich, dass es einen allgemeinen Zusammenhang zwischen motorischer Aktivität und kognitiver Entwicklung gibt, wobei der Zusammenhang bei jüngeren Kindern (Vor- und Grundschulalter) deutlicher zu Tage tritt. Die genannten grundlegenden geistigen Kräfte können Kinder am besten entwickeln, wenn sie sich viel draußen in der freien Natur bewegen können. Enge Räume wie in vielen Kitas und Schulen und eine überwiegend sitzende Lerntätigkeit verhindern eine gesunde Entwicklung der Kinder. Bewegungsmangel kann überdies gravierende Folgen für die Gesundheit haben. Übergewicht und Adipositas bei Grundschulkindern haben sich in den letzten Jahren dramatisch gesteigert. Das zeigt eine Reihe von Studien zu dem Thema. „So hat sich in Thüringen die Zahl der übergewichtigen Kinder im Alter zwischen sechs und vierzehn Jahren von 1993/94 bis 1999/2000 ungefähr verdoppelt. Der Anteil adipöser Kinder an der Gesamtzahl aller in Thüringen eingeschulten Kinder betrug 1993/94 2,7% und im Jahr 1999/2000 5,9%. Bei den Zehn- und Elfjährigen stieg der Anteil von 4,0% auf 10,2%."[72e] Hinzu kommen als Folge des Bewegungsmangels Defizite in der allgemeinen Fitness. „Verschiedenen Studien zu Folge kommen bereits 30–60% der Kinder mit Haltungsschäden oder Haltungsschwächen in die erste Klasse."[99]

Projekte wie Waldkindergärten, die Kindern vielfältige Möglichkeiten zur Bewegung in der freien Natur bieten, gibt es schon seit einiger Zeit. Landerziehungsheime und Freiluftschulen ermöglichen den Kindern wenigstens auf Zeit die Gelegenheit zu freier Bewegung.

Aber auch Schulen, die in Großstädten liegen, könnten den Kindern mehr Bewegungsmöglichkeiten verschaffen: durch eine tägliche Bewegungs- oder Sportstunde, durch den Verzicht auf immer stärkere bauliche Verdichtung der Schulgrundstücke, durch größere Klassenräume und durch mehr Ausflüge und Klassenfahrten. Überdies gibt es umfangreiche Programme zum bewegten Unterricht, die vielfältige Möglichkeiten bieten, Kinder während des Unterrichts mehr in Bewegung zu bringen. Beispielsweise durch eine Bewegungspause, in denen die Schüler mit Bällen jonglieren, auf Seilen gehen, auf Zehenspitzen gehen u.v.a.m. Diese Spiele sind unaufwendig und die dafür benötigten Kleingeräte können in jeder Klasse vorrätig gehalten werden.

Aber auch das Lernen selbst kann im Modus der Bewegung stattfinden, indem z.B. Rechenergebnisse laut gestampft werden, geometrische Figuren erfahren werden durch das Gehen auf den Linien oder Sprichwörter in pantomimische Bewegungen umgesetzt werden.

„Das Lernen kann an sehr unterschiedlichen Orten im Klassenraum, im Schulgebäude und auf dem Schulhof stattfinden. Eine anschauliche Ideensammlung enthält der Beitrag von Lehner/Riesen 1999.[100] Es geht um Lernorte auf dem Schulhof z.B. für physikalische Experimente, um Orte im Treppenhaus z.B. für Rechenaufgaben und die Flure zum Lesen oder Gespräche Führen sowie um Aufgabenbearbeitungen, die liegend, hockend, kniend oder stehend im Klassenraum oder auf den Fluren ausgeführt werden.[101] Schließlich kann im Rahmen eines „bewegten Unterrichts" auch das Sitzmobiliar dem Bewegungsmangel vorbeugen. Sitzbälle oder Walzen, Quader u.a.m. können dem natürlichen Bewegungsdrang der Grundschulkinder entsprechen." Diese aufgezeigten vielfältigen Möglichkeiten können dazu beitragen, dass die für die körperliche und geistige Gesundheit der Kinder unerlässlichen Bewegungspotentiale in der Schule noch besser genutzt werden.

Musik und Kunst – ein unterschätztes pädagogisches Potential

Kinder lieben Musik. Von Beginn ihres Lebens an lauschen sie Tönen und klatschen Rhythmen. Später haben sie Spaß am Singen, einige erlernen mit Begeisterung Musikinstrumente. Musik ist für Kinder pure Lebensfreude. Sie ist eine universelle Sprache, die alle Menschen miteinander teilen. In jeder menschlichen Kultur ist Musik ein grundlegendes Kommunikationsmittel. Menschliches Leben ohne Musik ist kaum denkbar, überdies nicht wünschenswert, weil sie Freude macht und das Leben verschönert, weil sie Menschen verbindet und darüber hinaus eine unverzichtbare Ressource für eine Fülle von wichtigen Fähigkeiten darstellt.

In seiner Langzeitstudie „Zum Einfluss von erweiterter Musikerziehung auf die allgemeine und individuelle Entwicklung von Kindern" kommt der Musikforscher Hans Günther Bastian zu interessanten Ergebnissen in Bezug auf die Bedeutung von musikalischer Bildung und Erziehung. „Musik öffnet den Menschen zum Mitmenschen."[102] Musik beeinflusst also die Entwicklung von Empathie. Das allein wäre schon ausreichend, um die musikalische Erziehung möglichst frühzeitig energisch zu betreiben. Aber es gibt noch zahlreiche andere Gründe. Bastian nennt die positive Wirkung der Musik auf die allgemeine Intelligenz. In seiner Studie weist er nach, dass in Schulklassen, die eine erweiterte Musikerziehung erhalten haben, eine erhebliche Steigerung des IQ bei den Kindern zu verzeichnen ist. Auch die allgemeinen schulischen Leistungen werden nach Bastian positiv beeinflusst.[103] Musik kann die „kognitiven, intellektuellen, kreativen, ästhetischen ... sozialen und psychomotorischen Fähigkeiten (Begabungen) von Kindern vorteilhaft beeinflussen und fördern, daneben auch motivationale und emotionale Dispositionen wie Lern- und Leistungsbereitschaft, Konzentration, Engagement, Selbstständigkeit, Belastbarkeit und Ausdauer, Fremd- und Selbstkritik u. a. m."[104] Und noch einen bedeutsamen Aspekt erwähnt Musikforscher Bastian: „Musik und insbesondere eigenes Musizieren ... wirken ... gewaltpräventiv. Wir sollten unserer Gesellschaft, d. h. nichts anderes als uns selbst, eine Chance geben und gegen die physische Gewalt die psychische Macht der Musik setzen."[105]

Verstärkt in musikalische Erziehung und Bildung zu investieren, könnte später notwendige kostspielige Resozialisierungsmaßnahmen entbehrlich machen. Das sind wohl allein Gründe genug, den Kindern musikalische Förderung vom ersten Lebenstag angedeihen zu lassen. Das Schöne daran ist: Kinder lieben Musik.

Musik, könnte man meinen, muss vor dem Hintergrund des oben gezeigten enormen pädagogischen Potentials ein Hauptfach in der Schule sein. Schaut man sich aktuelle Lehrpläne und Stundenpläne an, muss man feststellen, dass das Fach Musik ein Schattendasein fristet. Mit einer viel zu geringen Anzahl von Wochenstunden tritt es gegenüber den so genannten Kernfächern wie Mathematik, Naturwissenschaften und Sprachen vollkommen in den Hintergrund und kommt höchstens bei Schulfeiern, Weihnachtsfeiern und Elternfesten als nettes Rahmenprogramm zum Vorschein. Die Unterbewertung der pädagogischen Bedeutung der musikalischen Erziehung innerhalb und außerhalb der Schulen ist auf die aktuell einseitige Betonung der kognitiven und der naturwissenschaftlich-technischen Ausrichtung der Bildung zurückzuführen. Diese Einseitigkeit hat einen hohen Preis. Die für eine gelingende Persönlichkeitsentwicklung so wichtigen musischen Fächer mit ihrer gemeinschaftsstiftenden und kreativitätsfördernden Kraft verlieren immer mehr an Bedeutung. So hat das Land Sachsen die Musikstunden in der Grundschulklasse zum Schuljahr 2019/2020 um eine Stunde gekürzt. Damit steht den Schülern nur noch eine Wochenstunde zu.[106] Ähnlich sieht es in vielen anderen Bundesländern aus. Auch dort sind in der Regel ein bis zwei Unterrichtsstunden pro Woche vorgesehen. Eine Studie der Bertelsmannstiftung von 2020 stellt dazu fest: „Viele Schulkinder haben keine hinreichende Chance auf musikalische Bildung in der Grundschule, weil Musik zu selten unterrichtet wird und zu oft von nicht dafür ausgebildeten Lehrkräften."[107]

Die Gesellschaft verliert damit geistige Potenzen, die ein Gegengewicht zu einer zunehmenden Technikorientierung bilden könnten.

Auch das Fach Kunst wird ähnlich stiefmütterlich behandelt wie die Musik, obwohl Kinder das Malen und Basteln lieben und schon Kleinkinder sehr früh mit viel Freude kreativ mit ihrer Umwelt umgehen. Der Lehrplan in den Grundschulen sieht auch hier in der Regel maximal zwei Wochenstunden vor. Das ist entschieden zu wenig. Dieses Fach mit seinen für Kinder faszinierenden Ausdrucksmöglichkeiten und der einmaligen Chance, eine eigene Welt mit ganz individuellen und immer neuen Ideen zu gestalten, tief und meditativ in diese eigene Welt einzutauchen, frei und ungehindert zu träumen, ist für die psychische und geistige Entwicklung von großer Bedeutung. Die Kunst bietet darüber hinaus in einzigartiger Weise die Möglichkeit, die Grenzen des Realen und gegenwärtig Bestehenden zu überschreiten und in kreativer Weise neue Möglichkeiten der Weltsicht zu entdecken. Die Kraft dieser grundlegenden pädagogischen und bildungspolitischen Substanz von Kunst und Musik ist für alle Bereiche des menschlichen Lebens von außerordentlicher Bedeutung. Alle neuen Entwicklungen, ob in Wissenschaft, Technik oder im gesellschaftlichen und politischen Bereich, beginnen in der Phantasie. In Gesellschaft und Politik können diese kreativen Potentiale der musischen Fächer dazu beitragen, dass das Bestehende mittels alternativer Ideen immer wieder in Frage gestellt werden kann. Dieses Potential zu entwickeln und zu stärken, sollte eine bedeutende Aufgabe von Erziehung und Bildung sein.

Die Vernachlässigung der bedeutsamen pädagogischen Möglichkeiten der Fächer Kunst und Musik in den staatlichen Schulen ist vor dem Hintergrund obiger Ausführungen unverständlich. Bildung wird jedenfalls aktuell verkürzt auf das, was der PISA-Test abfragt: Kompetenzen in Mathematik und Naturwissenschaften, Deutsch und Englisch. Vor diesem Hintergrund kann man sich fragen: Besteht das Ziel der aktuellen Bildung, so wie sie in den öffentlichen Schulen praktiziert und politisch legitimiert und propagiert wird, möglicherweise darin, einen gut funktionierenden und an bestimmte ökonomische und politische Interessen angepassten Bürger heranzubilden, der brav und effektiv seine Arbeit macht, konsumiert, keine grundsätzlichen Fragen stellt und nicht selbstbestimmt und unkonventionell zu denken im Stande ist?

In der Grundschule sollte das Singen und Musizieren einen erheblich größeren Stellenwert erhalten. Grundschullehrer sollten während ihrer Ausbildung musikalische Grundkenntnisse erwerben und im Rahmen ihrer Klassenlehrerstunden möglichst täglich mit ihren Schülern singen und musizieren. Dies trüge dazu bei, die musikalische, kreative, emotionale und soziale Bildung der Kinder zu stärken.

In der Grundschule ist das künstlerische Gestalten zudem eine unersetzliche Möglichkeit für Kinder, sich mit dem Gelernten emotional auseinanderzusetzen und zu verbinden. Grundschullehrer sollten die Möglichkeiten dieses Weltzugangs und die darin enthaltenen Chancen zum ganzheitlichen Lernen nutzen. Kinder unterschiedlicher kognitiver Potentiale könnten auf dieser emotionalen und kreativen Ebene ein weiteres wichtiges Feld des gemeinsamen Lernens bekommen. Das einseitig kognitive Lernen war für alle Kinder schon immer pädagogisch fragwürdig. In Zeiten von verstärkten inklusiven und integrativen Herausforderungen ist es besonders kontraproduktiv. Deshalb muss der musische Bereich, in dem sich alle Kinder wiederfinden und wie von selbst zusammen lernen, unbedingt gestärkt werden. Inklusion und Integration ohne die verbindende Kraft der musikalischen und künstlerischen Dimensionen kann nicht gut gelingen.

Kein nachhaltiges Lernen ohne Faszination

„Jedes Kind, jeder Mensch kann Freude am Lernen haben."[108] Mit dieser schlichten, aber bedeutenden Erkenntnis fasst George Leonhard die Bedeutung einer in jedem Menschen vorhandenen Triebkraft zusammen, die er Faszination, Begeisterung oder Ekstase nennt. Er hält diese urtümliche Kraft für das Lernen und Leben für unabdingbar. Und das Schöne ist: Kinder bringen alle diese Fähigkeiten von Natur aus mit.

Wir alle kennen diese Urkraft aus eigener Erfahrung, beispielsweise wenn wir uns verlieben. Erfahrungen von Begeisterung machen wir auch mit unserem Lieblingslehrer, Lieblingssportler, Lieblingsschauspieler, Lieblingsfilm, Lieblingsort. Für die Entwicklung und das Lernen von Kindern in der vorschulischen und schulischen Zeit sind derartige Erfahrungen von Begeisterung und Faszination von herausragender Bedeutung. Ohne diese positiven Lebenskräfte wäre wohl kaum ein Kind in der Lage, laufen und sprechen zu lernen, auf Bäume zu klettern, seine Umgebung zu erforschen, Freundschaften und andere Beziehungen zu entwickeln. Darauf weist auch Gerald Hüther hin. Der Hirnforscher erklärt die Begeisterung zur entscheidenden Motivation für das Lernen. Nur wenn die emotionalen Zentren im Gehirn aktiviert werden, können nachhaltige Lernprozesse stattfinden.[109]

Kinder können diese für das Lernen grundlegende Kraft am besten entwickeln, wenn ihre Lernumgebung bedeutsame und faszinierende Lernanlässe bietet. Diese Möglichkeiten können für kleine Kinder unter drei Jahren am besten in einer sicheren und möglichst ruhigen Umgebung entstehen, in der sie mit Muße ihre eigenen und weitgehend selbstbestimmten Erfahrungen machen können: Haus bzw. Wohnung und evtl. Garten erforschen, versunken und mit Faszination und Begeisterung lustvoll spielen, malen, singen u. a. m. Ungünstig sind in dieser Phase morgendliche Hetze, Lärm, tägliche räumliche und personelle Veränderungen und stark reglementierende pädagogische Programme.

In der Grundschulzeit schließlich muss die Urkraft der Faszination in Form einer Begeisterung für und Freude an den Inhalten von Kultur- und Naturwissenschaft, der Bildenden Kunst und der Musik genutzt werden. Dazu bedürfte es jedoch einer Abkehr von einer einseitig kompetenz- und testorientierten Bildung. Denn von Kompetenzen kann man nicht begeistert sein, sondern vor allem von bedeutsamen Inhalten. Bei der Auswahl der Lerninhalte muss unbedingt darauf geachtet werden, dass sie interessant und faszinierend für die Kinder sind und damit dem Lernen die größte Schubkraft gegeben wird.

In diesem Zusammenhang ist es außerdem von großer Bedeutung, dass der Lehrer selbst von seinen unterrichtlichen Inhalten begeistert ist. Nur dann kann er das Feuer der Faszination bei seinen Schülern entzünden. Eine ruhige und möglichst störungsfreie Atmosphäre, in der eine intensive emotionale Beschäftigung mit relevanten Inhalten stattfinden kann, ist dabei wichtig. Ständige Highlights, wie sie zurzeit den Schulalltag prägen, lassen eine solche intensive Lernatmosphäre viel zu selten zu.

Kinder lernen anders – Magie gehört dazu

Kinder lieben Märchen und andere Geschichten, in denen gezaubert, verwünscht, verwandelt und erlöst wird. Der Frosch verwandelt sich in einen Prinzen, das Aschenbrödel wird zur Prinzessin, Stroh zu Gold gesponnen, Dornröschen wird aus dem hundertjährigen Schlaf erlöst. Die Welt der Märchen ist voller Magie. Kinder im Vorschul- und frühen Grundschulalter nehmen diese Geschichten mit großer Spannung, Begeisterung und ohne verstandesmäßige Distanz auf. Für sie ist diese Welt genauso wahr wie die Realität. Das zeigen Äußerungen von Kindern zu den Geschehnissen in den Märchen. Die fünfjährige Sophie sagt während des Vorlesens des Märchens vom Rumpelstilzchen: *„Ich will auch mal Stroh zu Gold spinnen."* Der siebenjährige Mirko reagiert erschrocken, als die Prinzessin im Märchen vom Froschkönig den Frosch angewidert an die Wand wirft: *„Das tut dem Frosch doch weh!"* Kinder im Vor- und Grundschulalter nehmen die Welt offenbar anders wahr als die Erwachsenen. Ihr Bewusstsein ist viel weniger auf das kritisch-analytische Denken beschränkt. Kinder in diesem Alter sind dem magisch-mythischen Bewusstsein näher als Erwachsene. Diese Stufe des Bewusstseins ist bei Kindern noch nicht scharf getrennt vom mentalen Denken. Wird eine zu frühe intellektuelle Erziehung betrieben, gehen diese wichtigen Ressourcen, z. B. bedeutsame kreative Fähigkeiten, verloren, und werden nicht für das Lernen und Leben der Kinder genutzt. Jean Piaget hat bereits in den 1930er-Jahren in vielen Untersuchungen festgestellt, dass Kinder weit in das Grundschulalter hinein noch oft animistisch denken. In der Vorstellung von Kindern dieses Alters lebt die Sonne, weil sie Licht ausstrahlt, und haben Flüsse noch einen eigenen Willen, weil das Wasser in ihnen fließt. Diese animistischen Konstruktionen der kindlichen Wirklichkeit sind in vielen Märchen zu finden.[110]

Die moderne Hirnforschung beschreibt die jeweiligen altersentsprechenden Bewusstseinszustände noch genauer. Danach bewegen sich die mit dem EEG messbaren elektrischen Spannungsschwankungen (Gehirnwellen) bei Kindern bis zum Ende des 2. Lebensjahres im Delta-Bereich (0,5–4 Hz). Das ist ein tiefschlafähnlicher Zustand. Im Alter von zwei bis sechs Jahren werden hauptsächlich Thetawellen (4–8Hz) gemessen. Das entspricht einem hypnagogischen Trancezustand. Erst ab sechs Jahren entwickelt sich der so genannte Alphawellenbereich (8–12 Hz), was einer entspannten und unfokussierten Aufmerksamkeit entspricht.[111] Diese Erkenntnisse der Hirnforschung sollten dringend berücksichtigt werden. Eine zu frühe einseitig kognitive Ausrichtung in der Pädagogik, wie sie seit einigen Jahren zunehmend praktiziert wird, kann der kindlichen Entwicklung im Vorschul- und Grundschulbereich nicht gerecht werden. Darüber hinaus besteht die Gefahr, dass Kinder, die die magisch-mythische Bewusstseinsebene nicht ausleben konnten, später als Erwachsene anfälliger sind für fehlgeleitetes magisches Denken. Der Erfolg von Wahrsagern und religiösen Sekten sind ein Indiz dafür. Auch im politischen Rahmen könnten durch den Verstand nicht kontrollierte magische Inszenierungen (z. B. Propagandaveranstaltungen, Werbefilme u. Ä.) politischen und religiösen „Rattenfängern" zugutekommen.

Ein weiteres wichtiges Argument für die Verwendung von Märchen als kindgemäße Lektüre liegt darin, dass Märchen die dunkle Seite des Lebens nicht ausklammern. Märchen beschreiben keine heile Welt. „Die modernen Geschichten, die für kleine Kinder geschrieben werden, vermeiden meist diese existenziellen Probleme, die doch für uns alle entscheidend sind. ... Das Märchen dagegen konfrontiert das Kind mit den grundlegenden menschlichen Nöten. So beginnen viele Märchen mit dem Tod der Mutter oder des Vaters; in diesen Märchen – wie auch im wirklichen Leben – wirft der Tod eines Elternteils (oder die Angst davor) quälende Probleme auf."[112] In Märchen kommt genau wie im richtigen Leben das *Böse* genauso selbstverständlich vor wie das *Gute,* symbolhaft repräsentiert durch bestimmte Figuren. Die Hexe symbolisiert dabei z. B. das *Böse*, die Prinzessin das *Gute*. Mit diesen einfachen Strukturen kann Kindern deutlich gemacht werden, dass das Leben dunkle Seiten haben kann. Aber diese Schwierigkeiten können überwunden werden. „Genau diese Botschaft vermittelt das Märchen dem Kind in vielfältiger Weise: Der Kampf gegen die heftigen Schwierigkeiten des Lebens ist unvermeidlich und gehört untrennbar zur menschlichen Existenz, wenn man aber nicht davor zurückschreckt, sondern den unerwarteten und oft ungerechten Bedrängnissen standhaft gegenübertritt, überwindet man alle Hindernisse und geht schließlich als Sieger aus dem Kampf hervor."[113] Das Gute siegt, das ist am Ende die tröstliche Botschaft. Das stärkt das Vertrauen der Kinder in eigene Stärken und in das Leben allgemein und bietet damit eine wichtige Quelle für Mut, Zuversicht und die Überwindung von Angst.

Festzuhalten ist: Kinder im Vorschulalter und in den ersten Grundschuljahren haben eine starke und ursprüngliche Affinität zu magischen Erlebnissen. Dies sollte in Kita und Schule stärker berücksichtigt werden.

BAUSTEINE FÜR EINE GRUNDBEDÜRFNISORIENTIERTE ERZIEHUNG UND BILDUNG

Am Schluss unseres Buches sollen in Thesen die wichtigsten Anforderungen an eine Erziehung und Bildung im Vor- und Grundschulalter formuliert werden. Diese Thesen können als Maßstab für eine Pädagogik dienen, die die Grundbedürfnisse der Kinder in den Vordergrund stellt und eine unverhältnismäßige politisch-ideologische Einflussnahme auf Erziehung und Bildung zugunsten einer kindgerechten Pädagogik vermeidet.

- Alle pädagogischen Einrichtungen und Maßnahmen richten sich in erster Linie an den Grundbedürfnissen der Kinder aus, damit eine gesunde körperliche, geistige und psychische Entwicklung gewährleistet wird.
- Der Bedeutung der Bindung an Bezugspersonen für die kindliche Entwicklung und das Lernen wird verstärkt Rechnung getragen.
- Auf eine Fremdbetreuung unter drei Jahren wird möglichst verzichtet, um damit verbundene Risiken für Entwicklung und Gesundheit der Kinder zu minimieren.
- Vielfältige Naturerlebnisse ermöglichen Kindern, intensive emotionale und dauerhafte Beziehungen zur Natur zu entwickeln.
- Erfahrungen und Erlebnisse mit der realen Welt statt digital vermittelter Inhalte stehen im Vordergrund vorschulischer und schulischer Erziehung und Bildung.
- Der Tagesablauf wird für die Kinder stressarm organisiert, damit sie in Ruhe versunken spielen, sich mit Muße in Lerninhalte vertiefen und sich mit ihnen verbinden können.
- Im Mittelpunkt schulischer Bildung stehen bedeutsame Lerninhalte und nicht das Anstreben von Kompetenzen.

- Eine verfrühte und einseitige kognitive Bildung wird vermieden und wichtige emotionale Bewusstseinspotentiale werden stärker für das Lernen genutzt.
- Reformvorhaben werden erst nach einer ergebnisoffenen pädagogischen Debatte unter Einbeziehung aller Betroffenen in den Schulen und gründlicher Erprobung und Evaluation eingeführt.
- Eine ganztägige Beschulung und Betreuung findet ausschließlich auf freiwilliger Basis statt, um Kindern die Möglichkeit zu autonomer Freizeitgestaltung zu ermöglichen.
- Jedes Kind wird in seiner Besonderheit als Individuum und mit seinen spezifischen Fähigkeiten und Persönlichkeitsmerkmalen bedingungslos anerkannt.
- Erziehung und Bildung nutzen verstärkt die von Natur aus bei Kindern vorhandenen motivationalen Kräfte wie Begeisterung und Neugier für das Lernen.
- Den enormen pädagogischen Potentialen der kreativen Bereiche Musik und Kunst wird die angemessene Beachtung zuteil, indem man die Anzahl der Wochenstunden auf etwa das gleiche Niveau bringt wie bei den so genannten Hauptfächern.
- Der Bewegungserziehung wird mehr Raum gegeben, um eine gesunde körperliche, geistige und psychische Entwicklung der Kinder zu gewährleisten.

LITERATURVERZEICHNIS

1. Vgl. hierzu Gerold Schmidt-Callsen: Bildungspolitik in der Kritik: Sinn oder Unsinn von aktuellen Schulreformkonzepten. Norderstedt 2014, und ders.: Integrativ Lehren und Lernen. Hamburg 2014. S. 26 ff.
2. Ellen Key: Das Jahrhundert des Kindes. Neuausgabe Berlin 2016
3. Delna Atia-Tatic: Das Kind muss weg. https://www.jetzt.de/das-biber/das kind-muss-weg
4. Richard Gerrig/Philipp G. Zimbardo: Psychologie. München 2008, S. 421
5. Ulrike Ludwig: Was wir wollen und was wir brauchen – Seelische Grundbedürfnisse, S. 2 https://www.yumpu.com/de/document/read/51765926/seelische-grundbedurfnisse-ludwig-ulrike-ludwig-ulrikede
6. Gerrig/Zimbardo, ebenda, S. 422
7. Ludwig ebenda, S. 3
8. Gerrig/Zimbardo ebenda, S. 391
9. Ludwig ebenda, S. 4
10. Ludwig ebenda, S. 5
11. Ludwig ebenda, S. 5
12. Gerrig/Zimbardo ebenda, S. 522 (Bezug auf Carl Rogers)
13. Ludwig ebenda, S. 6
14. Vgl. Klaus E. Grossmann und Karin Grossmann (Hrsg.).: Bindung und menschliche Entwicklung: John Bowlby, Mary Ainsworth und die Grundlagen der Bindungstheorie. Stuttgart 2011, S. 24
15. Kohut, Heinz in: https://www.researchgate.net/publication/236874259_Den_Glanz_in_den_Augen_der_Eltern_spiegeln_-_Erste
16. „Kind und Karriere in Hamburg –wie geht das?" (HAM Nr. 49 aus 2015 vom 27.2.2015)

17. Krippenbetreuung aus wissenschaftlicher Sicht in: https://www.zukunft-ch.ch/wp-content/uploads/2016/05/Zukunft-CH-Infoblatt-Kinderkrippen.pdf
18. Anna Wahlgren: Die Welt mit Kinderaugen sehen. Warum wir für unsere Kinder kämpfen müssen. Weinheim und Basel 2011, S. 97, 98
19. Eva Rass: Interview über Risiken frühkindlicher Fremdbetreuung in: https://www.gluecksknirpse.de/risiken-fruehkindliche-fremdbetreuung/
20. Karl-Heinz Brisch in: Psychologie Heute, Heft 41 aus 2015, S. 50
21. Rainer Böhm: Stress – das unterschätzte Problem frühkindlicher Betreuung in: https://www.fachportal-bildung-und-seelische-gesundheit.de/hanns-seidel-stiftung-bildung-braucht-bindung-boehm.pdf
22. Franz Ruppert: Frühes Trauma. Schwangerschaft, Geburt und erste Lebensjahre. Stuttgart 2014, S. 222
23. Böhm ebenda
24. Rainer Böhm in: FAZ vom 4.4.2012, Nr.81, S.7
25. Klaus Wilhelm 2014, S. 26 ff. (Böhm ebenda)
26. Delna Antia-Tatic ebenda
27. Böhm: Stress – Das unterschätzte Problem Frühkindlicher Betreuung in Argumente und Materialien zum Zeitgeschehen 2013 ebenda
28. https://crdcn.org/datasets/nlscy-national-longitudinal-survey-children-and-youth
29. Ruppert ebenda, S.221
30. *German-speaking Association for Infant Mental Health,* GAIMH
31. NICHD-Studie: Belsky et al., Study Overview: https://www.nichd.nih.gov/research/supported/seccyd/Pages/biblio.aspx [06.10.2015]

32. https://www.domradio.de/themen/ehe-und-familie/2020-08-25/zu-grosse-gruppen-zu-wenig-personal-studie-betreuungsqualitaet-kitas-nach-wie-vor-unzureichend
33. Rainer Böhm: Stress – Das unterschätzte Problem Frühkindlicher Betreuung: https://www.fachportal-bildung-und-seelische-gesundheit.de/hanns-seidel-stiftung-bildung-braucht-bindung-boehm.pdf
34. https://www.fruehe-chancen.de/ausbau/betreuungszahlen/
35. Marc Bielefeld: Den Wind im Gepäck. München 2016, S. 72
36. Delna Antia-Tatic: Das Kind muss weg in: https://www.jetzt.de/das-biber/das-kind-muss-weg
37. Anna Wahlgren: Das Kinderbuch. Weinheim 2004, S. 144, 145
38. https://www.faz.net/aktuell/wirtschaft/25-000-euro-fuer-einen-platz-kostspieliger-krippenausbau-12163471.html
39. Antia-Tatic ebenda
40. Wahlgren ebenda
41. Birgit Kelle: Muttertier –eine Ansage. Brunnen Basel 2017
42. Bundesministerium für Bildung in:https://www.bmbf.de/de/lesestart-meilensteine-fuer-das-lesen-78.html
43. Bildungsprogramm mit Handreichungen für saarländische Krippen und Kindergärten in: https://www.kitasaar.de/index.php?eID=dumpFile&t=f&f=33075&token=ed8c04a073b-d722138f1def0353b560574c88195
44. Jean Piaget: Neue Theorie der geistigen Entwicklung. Frankfurt a. M. 1983

45. Eva Rass: Interview über Risiken frühkindlicher Fremdbetreuung in: https://www.gluecksknirpse.de/risiken-fruehkindliche-fremdbetreuung/
46. Vgl. hierzu Lexikon der Pädagogik: https://lexikonpaedagogik.wordpress.com/paedagogik/gruppe-2/gruppe/gruppenfaehigkeit/
47. Ulrike Claeßens: Kameraden mit Fell und Fühlern. Tiergestützte Pädagogik im Kindergarten St. Bernard in Hamburg-Poppenbüttel in: Strunz ebenda, S. 11
48. Elke Heymann-Szagun: Tiergestützte Entwicklungsförderung bei Vorschulkindern in: Pädagogik mit Tieren. Praxisfelder einer tiergestützten Pädagogik. Baltmannsweiler 2011, S. 52
49. Andrea Hejlskov: Wir hier draußen. Eine Familie zieht in den Wald. 2017
50. Gerold Schmidt-Callsen: Analog statt digital. Erprobte und inspirierende Unterrichtsprojekte für eine Begegnung mit der Lebenswirklichkeit. Norderstedt 2020
51. Konrad Paul Liessmann: Geisterstunde. Die Praxis der Unbildung. München 2017, S. 140, 141
52. Liessmann ebenda, S. 124
53. Vgl. hierzu Schwanitz, Dietrich: Bildung. Alles, was man wissen muss. Frankfurt a. M. 1999
54. Georg Wilhelm Friedrich Hegel: Werke in zwanzig Bänden, Bd. 4. Frankfurt am Main 1970, S. 319 in: Liessmann ebenda, S. 56
55. Liessmann ebenda, S. 53
56. John Hattie: „Visible Learning" in: https://www.researchgate.net/publication/263219655_John_Hattie_Visible_learning_A_synthesis_of_over_800_meta-analyses_relating_to_achievement, vergl. auch Liessmann ebenda, S. 125–127
57. https://visible-learning.org/de/hattie-rangliste-einflussgroessen-effekte- lernerfolg
58. ebenda

59. Michael Winterhoff: Was bei der Kindererziehung völlig falsch läuft. Interview in Welt online: https://www.welt.de/vermischtes/article3127311/Was-bei-der-Kindererziehung-voellig-falsch-laeuft.html
60. Reinhard Haller: Glück und Unglück der Sucht: https://www.youtube.com/watch?v=9447KokCuIU
61. https://de.wikipedia.org/wiki/Belohnungsaufschub
62. Rainer Böhm: Stress – Das unterschätzte Problem Frühkindlicher Betreuung
in: https://www.fachportal-bildung-und-seelische-gesundheit.de/hanns-seidel-stiftung-bildung-braucht-bindung-boehm.pdf
63. Wahlgren ebenda, S. 142.
64. Wahlgren ebenda, S. 95
65. Imke Kirste et al.: Is silence golden? Effects of auditory stimuli and their absence on adult hippocampal neurogenesis. 2013
66. Liessmann ebenda
67. Jeanette Otto in Die Zeit Nr.2/2014, S. 53
68. Theresa Aigner: Burnout bei Lehrern: „Der Beruf ist negativ behaftet" in: DiePresse.com vom 12.10.2011 aus der Potsdamer Studie
69. Josef Kraus in: Florentine Fritzen: Die Kindheit wird verschult, FAZ.net. Vom 20.3.2013
70. Josef Kraus in: https://www.tichyseinblick.de/kolumnen/josef-kraus-lernen-und-bildung/ganztagsschule-ist-entschulung-von-schule-und-verschulung-von-freizeit
71. Kraus ebenda
72. Harald Staun: Die Ideologie der Digitalisierung in FAS Nr. 12/2018, S. 45
73. Tomasius, ebenda
74. Manfred Spitzer: Digitale Demenz. Wie wir uns und unsere Kinder um den Verstand bringen. München 2012

75. Klaus Zierer: Warum der Fokus auf das digitale Klassenzimmer Unfug ist, in: Spiegel online vom 27.12.2017
76. Kristina Reiss in: https://www.tum.de/studinews/ausgabe-052013/show-052013/article/34369/
77. Babara Knab: Schulen im Digitalfieber in: Psychologie Heute, 45. Jhg. Heft 10/2018, S. 48
78. Martin Spiewak: Bloß nicht offline sein. Wie verändert das Smartphone die Psyche von Teenagern? In Die Zeit Nr. 46/2017 vom 9. November 2017, S. 36
79. Annedore Prengel: Anerkennung in Lehrer-Schüler-Beziehungen als Bedingung sozialen und kognitiven Lernens in: Frank Hellmich et al. (Hrsg.): Bedingungen des Lehrens und Lernens in der Grundschule. Wiesbaden 2012, S. 73–76
80. Prengel ebd.
81. Carl R. Rogers: Entwicklung der Persönlichkeit. 20. Aufl. Stuttgart 2016, S. 49
82. Abraham Maslow: Motivation and Personality. 3. Auflage. 1987, S. 150
83. Humboldt, Wilhelm von: Werke I, 1785–1795. Hrsg. von A. Leitzmann Berlin 1903, S. 282 ff.
84. Hartmut von Hentig: Bewährung. Von der nützlichen Erfahrung nützlich zu sein. München 2006
85. Von Hentig ebenda
86. Lehrplan Internat Louisenlund 2012
87. Gerold Schmidt-Callsen: Analog statt digital. Erprobte und inspirierende Unterrichtsprojekte für eine Begegnung mit der Lebenswirklichkeit. Norderstedt 2020, S. 18 ff.
88. Hermann Giesecke: Warum ich gegen Inklusive Schulen bin. Die zerstörerische Naivität ideologisch motivierter Schulreform 2017, S. 6
89. Giesecke ebenda, S. 5
90. Giesecke ebenda, S. 13

91. Giesecke ebenda, S. 13
92. David Brooks: Das soziale Tier. München 2012
93. Peter Heitkämper: Die musikalische Erziehungsmethode ShinichiSusukis und die moderne Gehirnforschung: http://docplayer.org/21921253-Prof-dr-peter-heitkaemper.html
94. Heitkämper ebenda
95. https://nachrichten.idw-online.de/2020/12/04/who-studie-gesundheitsgefahren-durch-bewegungsmangel-kinder-und-jugendliche-muessen-sich-endlich-mehr-bewegen/und https://www.Kinderschutzbund-nrw.de/pdf/denk Bewegungsmangel.pdf
96. https://www.uni-marburg.de/fb21/ifsm/ganztagsschule/schulmaterial/workshop
97. Wamser & Leyk 2003, S. 110; Müller & Petzold 2003, S. 104; Graf, Koch & Dordel 2003, S. 145
98. Schmidt, Hartmann-Tews & Brettschneider, 2003, S. 127ff.
99. https://www.Kinderschutzbund-nrw.de/pdf/denk Bewegungsmangel.pdf
100. Bilder aus Lehner/Riesen: Bewegter Unterricht in: Pühse/Illi: Bewegung und Sport im Lebensraum Schule. Schorndorf 1999, 55–58
101. ebenda
102. Hans Günther Bastian: Kinder optimal fördern – mit Musik. Intelligenz, Sozialverhalten und gute Schulleistungen durch Musikerziehung 2001, S. 33
103. Bastian ebenda, S.97 f.
104. Bastian ebenda, S. 101 f.
105. Hans Günther Bastian: Kinder optimal fördern – mit Musik. Ergebnisse einer sechsjährigen Langzeitstudie über Wirkungen von Musik und Musizieren auf die Entwicklung 6- bis 12-Jähriger in: https://www.musikverein-degerfelden.de/wp-content/uploads/Bastian-Studie.pdf).

106. https://www.mdr.de/sachsen/politik/sachsen-stundentafeln-kuerzung-kultus-100.html
107. https://www.bertelsmann-stiftung.de/de/themen/aktuelle-meldungen/2020/maerz/an-deutschen-grundschulen-fehlen-23000-ausgebildete-musiklehrer-tendenz-steigend
108. George B. Leonhard: Erziehung durch Faszination, Hamburg, 1973, S. 188
109. Gerald Hüther: Wie Lernen am besten gelingt in: https://www.katholische-kindergaerten.de/mediathek/videos/wie-lernen-am-besten-gelingt-prof-dr-gerald-huether
110. Oliver Geister: Kleine Pädagogik des Märchens. Baltmannsweiler 2011, S. 84; vergl. auch Bruno Bettelheim: Kinder brauchen Märchen. 20. Aufl. München 1997
111. Joe Dispenza: Du bist das Placebo. 7. Aufl. 2018 in: http://www.hirnwelllen und bewusstsein.de/hirnwellen_1.html
112. Bruno Bettelheim: Kinder brauchen Märchen. München 2006, S. 14
113. Bettelheim ebenda

Die Autoren

Ponke Callsen wurde in Hamburg geboren. Nach einer erfüllenden Zeit der Betreuung der vier gemeinsamen Kinder zu Hause, schlossen sich einige interessante Jahre der Arbeit als Lehrerin in öffentlichen Schulen sowie in Institutionen der Weiterbildung an. Danach absolvierte sie mehrere therapeutische Ausbildungen und arbeitet mit großer Freude nun bereits seit zehn Jahren als Heilpraktikerin für Psychotherapie in eigener Praxis.

Gerold Schmidt-Callsen wurde in Hamburg geboren. Nach dem Lehramtsstudium an der Uni Hamburg und dem anschließenden Referendariat war er als Lehrer und Schulleiter im Hamburger Schuldienst tätig. Seit seiner Promotion an der Uni Kiel ist er dort bis heute als lehrbeauftragter Dozent im Einsatz. Darüber hinaus ist er Vorsitzender des Vereins zur Förderung neuer Pädagogik. Der Autor hat bereits mehrere Werke veröffentlicht. Neben seiner pädagogischen Arbeit verbringt er viel Zeit mit seiner großen Familie.

Bewerten
Sie dieses Buch
auf unserer
Homepage!

www.novumverlag.com

novum VERLAG FÜR NEUAUTOREN

Der Verlag

„ *Wer aufhört
besser zu werden,
hat aufgehört
gut zu sein!*

Basierend auf diesem Motto ist es dem novum Verlag ein Anliegen, neue Manuskripte aufzuspüren, zu veröffentlichen und deren Autoren langfristig zu fördern. Mittlerweile gilt der 1997 gegründete und mehrfach prämierte Verlag als Spezialist für Neuautoren in Deutschland, Österreich und der Schweiz.

Für jedes neue Manuskript wird innerhalb weniger Wochen eine kostenfreie, unverbindliche Lektorats-Prüfung erstellt.

Weitere Informationen zum Verlag und seinen Büchern finden Sie im Internet unter:

w w w . n o v u m v e r l a g . c o m